길 밖으로 난
길

신우인의 하늘 이야기 3
길 밖으로 난 길
글 신우인

1판 1쇄 발행 2009. 10. 28 | **1판 4쇄 발행** 2017. 8. 11 | **발행처** 포이에마 | **발행인** 김강유 | **등록번호** 제300-2006-190호 | **등록일자** 2006. 10. 16 | 서울특별시 종로구 북촌로 63-3 우편번호 03052 | 마케팅부 02)3668-3260, 편집부 02)730-8648, 팩시밀리 02)745-4827

저작권자 ⓒ 2009, 신우인 | 이 책의 저작권은 저자에게 있습니다. 저자와 출판사의 허락 없이 내용의 일부를 인용하거나 발췌하는 것을 금합니다. | Copyright ⓒ 2009 by Wooin Shin. All rights reserved including the rights of reproduction in whole or in part in any form. Printed in KOREA.

값은 뒤표지에 있습니다. ISBN 978-89-93474-18-3 03230, 978-89-93474-05-3(세트) | **독자 의견 전화** 02)730-8648 | **이메일** masterpiece@poiema.co.kr | 좋은 독자가 좋은 책을 만듭니다. | 포이에마는 독자 여러분의 의견에 항상 귀를 기울이고 있습니다.

약속의 땅을 위해 너의 지도를 버리라!

길 밖으로 난 길

신우인의 하늘 이야기 3 — 출애굽기 上

THE STORY OF
HEAVEN

신우인 지음

포이에마
POIEMA

신우인의 하늘 이야기 3 | 출애굽기 上

목차

신우인의 하늘 이야기 • 6
들어가는 말 • 13

1. 구원 프로젝트, 시동 걸기

1강 출애굽기, 어떻게 읽어야 하나요? • 22
2강 왜 이다지 살기 어려운 거야(출 2:1-3) • 38
3강 힘을 빼거라, 모세야(출 2:11-12) • 54
4강 이름이 뭐가 중요하다고(출 3:13-15) • 67
5강 네 모습을 좀 보거라(출 5:1-2) • 80

2. 여호와인 줄 알리라

6강 피로 물든 나일 강(출 7:17-18) • 96
7강 예수님을 개구리로 만들지 말라(출 8:13-15) • 109
8강 재앙이 없는 곳도 있다고요?(출 2:11-12) • 122
9강 제대로 반응하셔야죠(출 9:20-21) • 138
10강 새롭게 살고 싶지 않니?(출 12:7-8) • 153
11강 여호와의 군대라니 당찮아요(출 12:41-42) • 167
12강 속았어, 맏아들을 달래!(출 13:11-13) • 180

3 | 하나님의 광야 수업

13강 유골을 어디에 쓰려고(출 13:17-22) • 198
14강 제발 입 다물고 잠잠하여라(출 14:13-14) • 212
15강 찬양은 영원하리라(출 15:21) • 229
16강 하나님을 시험하라니요!(출 15:24-25) • 242
17강 잘 들어, 첫 수업이야(출 16:22-30) • 255
18강 여호와 닛시(출 17:15-16) • 267
19강 세상에서 가장 큰 사건(출 19:5-6) • 284

신우인의 하늘 이야기

어느 날 밤 한 유대인이 예수님을 찾아옵니다. 그와의 문답 중에 예수님이 이런 말씀을 하셨습니다. "내가 땅의 일을 말하여도 너희가 믿지 아니하거든 하물며 하늘 일을 말하면 어떻게 믿겠느냐" (요 3:12).

그의 이름은 니고데모입니다. 니고데모는 율법을 열심히 지키는 바리새인입니다. 바리새인은 율법 준수를 통하여 하나님의 복을 받겠다는 사람들입니다. 율법의 기본은 십계명입니다. 그런데 이들은 열 개의 조항을 2,134개로 확대해놓았습니다. 그 이유는 여러 가지가 있겠지만, 십계명을 누구보다도 잘 지켜 하나님의 복을 누구보다도 많이 받아보겠다는 것입니다. 그런 바리새인들과 예수님은 언제나 충돌하였고, 예수님은 이들을 가장 신랄하게 비판하셨습니다. 급기야 이들은 예수님을 십자가에 못 박아버립니다.

종교는 땅의 존재가 하늘의 존재를 만나기 위한 행위의 총체라고 정의할 수 있습니다. 그 행위는 치성, 예배, 헌금, 헌신, 수양, 계율 준수, 고행, 선행 등등 종교마다 각각 다릅니다. 그 행위를 통하여 섬기는 신을 만나고 그 신으로부터 복을 받고, 종래는 그 신의 세계(천국, 극락, 무릉도원 등)로 들어가겠다는 것입니다.

'천기누설天機漏洩'이라는 말이 있습니다. 하늘의 뜻, 신의 뜻을 깨달은 사람이 그것을 사람들에게 알려준다는 것입니다. 주로 고매한 승려나 무당, 점쟁이, 도사 등과 관련하여 사용하는 말입니다. 그들은 하늘의 존재와 통하는 특별 비밀 수단을 알게 되어 자신들만이 하늘의 존재와 내통하게 되었다고 합니다. 그리고 사람들은 그 천기를 얻어보겠다고 그들에게 존경과 권력과 부와 명예 등 특별한 대우를 합니다. 바리새인들이 만들어놓은 2,134개의 복잡한 율법 조항도 천기누설의 한 통로라고 할 수 있습니다. 바리새인들이 누렸던 특권들도 백성들이 제공한 것입니다.

하나님의 아들인 예수님은 직접 이 땅에 오셨는데도, 대접도 제대로 받지 못하셨고, 고생 고생하시다가 십자가에서 처참하게 돌아가셨습니다. 그러자 따르는 무리들도 모두 뿔뿔이 흩어졌고 예수님의 부활 승천 후에도 마가의 다락방에 모인 무리의 수는 고작 120명 정도였습니다. 만약 예수님이 부활하시지 않았다면 이나마도 모이지 않았을 것입니다.

이 모든 것이, 예수님의 종교관과 사람들의 종교관이 다르기 때문에 생긴 일들입니다.

무병장수·부귀영화·만사형통이 기독교의 목적이라면 예수님은 굳이 이 땅에 오지 않으셨어도 됩니다. 다른 종교가 이미 누구보다도 잘 하고 있기 때문입니다. 그런데 예수님이 오셨습니다. 그리고 바리새인들과 날카로운 각을 세우셨습니다. 한마디로 "너희들이 틀렸다"는 것입니다. 하나님의 뜻을 바리새인들이 오해했다는 것입니다.

지금은 어떨까요?

기독교인들은 하나님의 뜻과 예수님의 마음을 올바로 이해하고 있을까요?

혹시 목사는 천기를 깨달은 특별한 사람으로 사람들 위에 군림하고, 사람들은 무작정 추종하는 것이 아닐까요?

추종하는 이유는 무병장수·부귀영화·만사형통을 위해서가 아닐까요?

예수님이 다시 오신다면 우리더러 잘하고 있다고 하실까요?

아니면 우리는 예수님을 못 알아보고 다시 각을 세우고 어떻게 해서든지 그분의 입을 봉하려고 할까요?

'누설'이란 어떻게 해서든지 막아보려는 의도가 좌절되었다는 뜻입니다. 프로메테우스는 신들만이 사용하는 불을 훔쳐서 인간에게 나눠주었습니다(불을 누설했습니다). 그런 그에게 형벌을 주는 것이 다른 신들의 뜻입니다. 그러나 하나님은 전혀 다릅니다. 모든 사람들이 하나님의 뜻을 알기를 간절히 바라십니다. 그래서 하나님의 아들이 이 땅에 오신 것입니다. 성경은 바로 그 하나님의 뜻을 고스란히, 명확하게, 밝히 드러낸 하늘의 책이요 하나님의 말씀입니다.

밝히 드러내신 하나님의 뜻을 사람들은 계속 왜곡시켜 자신의 방식대로 해석·적용하며 살았습니다. 예언자들을 보내어 다시 가르쳤지만 사람들은 그들을 박해하고 죽였습니다. 듣지 않겠다는 것입니다. 급기야 하나님의 아들이 친히 오셨습니다. 그리고 말씀하십니다.

"내가 땅의 일을 말하여도 너희가 믿지 아니하거든."

"하물며 하늘 일을 말하면 어떻게 믿겠느냐?"

온 천지만물, 우리가 딛고 사는 땅도 하나님이 만드셨습니다. 하나님의 선물입니다. 그런데 하나님의 마음을 제대로 읽지 못한 사람들이 이 귀한 선물을 엉망진창으로 만들어버렸습니다. 그러고는 그 진창에서 아우성을 칩니다. 나만은 잘 살아보겠다고 그 비결을 찾아 헤맵니다.

 사람들은 열심히 성경을 뒤지며 복 받는 비결과 공식을 찾고 만들어냅니다. 그러나 이것은 하늘 이야기를 열심히 땅의 이야기로 환원시키는 것입니다.

 예수님은 니고데모에게 이런 말씀도 하셨습니다. "물과 성령으로 나지 아니하면 하나님 나라에 들어갈 수 없느니라"(요 3:5).

 그러자 사람들은 즉시 이 말씀을 생각합니다. 그리고 천국 가는 공식을 만들어냅니다. "아, 물로 거듭나는 것은 '물세례', 가만 있자, 그러면 성령으로 거듭나는 것은… 옳지, 성령을 받은 가장 두드러진 증거는 '방언'이지." 그래서 '물세례+방언=천국'이라는 공식을 만들어 사람들에게 시행합니다.

 물세례를 받고 방언하는 사람에게는 천국이 보장되었다는 것입니다. 과연 예수님의 의도가 그런 것일까요? (물세례와 방언을 평가절하하는 것이 절대 아닙니다.)

 니고데모는 신실한 사람입니다. 율법 준수와 십일조는 물론 열심히 선행을 행하는 사람이었습니다. 바리새인이었음에도, 귀족이었음에도, 진정한 구원을 찾아 청년 목수 예수님을 찾은 겸손한 사람입니다. 그런데도 예수님은 칭찬은커녕, 니고데모의 존재 근거 자체를 부정하셨습니다.

우리가 가장 중시하는 예배와 기도와 말씀은 땅의 존재인 우리가 하늘의 존재인 하나님을 내 뜻에 맞게 움직여보기 위한 수단이 절대로 아닙니다. 예배와 기도와 말씀은 하나님의 마음 읽기입니다. 하나님의 시각에서 아래에 있는 땅을 내려다보라는 것입니다.

뒷동산에만 올라도, 내가 코 박고 울며불며 전전긍긍하던 삶이 내려다보입니다. 그래서 불황기에 산을 찾는 사람들이 많아집니다.

성령께서 풀어주신 하늘 이야기인 성경을 땅의 이야기로 환원하는 일을 저라도 그만두려고 합니다. 어찌 온 우주를 품는 하나님의 뜻을 먼지만도 못한 제가 알겠습니까?

하지만 가도 가도 여전히 거기에 있는 수평선처럼 하나님도 멀리 계시지만, 제가 알아들을 수 있는 언어로 적어주신 하늘 이야기의 파편이 뱃전에 부서져 얼굴을 간질이는 물방울처럼 제 온 몸을 적십니다.

숨 쉬며 사는 것 자체가 은혜인 것을…. 땅의 뜻을 하늘에서 이루어달라는 몸부림을 멈추고, 하늘의 뜻을 이 땅에서 이루는 일에 작은 힘을 보태려고 합니다. 그래서 '하늘 이야기'란 제목을 달았습니다.

  책을 만드는 과정 중에 가장 기쁜 일은 김도완 대표와의 만남과 대화입니다. 그래도 제 시야가 조금씩 넓어져 가는 것은 그의 독서 지도 덕분입니다. 글을 쓸 수 있도록 배려해주신 포이에마예수교회 강병오 목사님과 모든 교우들에게도, 또 새로 편집 팀에 합류하여 읽을 수 있는 글이 되도록 도와준 박진희 씨에게도 감사의 뜻을 전합니다.

2009년 10월
북한산 자락에서

들어가는 말

연초에 한 십일조 약속은 하나님께 한 서원이므로 어떤 경우에도 해야 한다는 목사님의 설교에, 개인 사업이 곤두박질치는 상황에서도 빚까지 얻어 십일조를 합니다. 가뜩이나 잠이 모자라 피곤할 대로 피곤해진 몸을 이끌고 새벽기도에 금요철야까지 참석합니다. 일천번제 서원을 했으니 하루라도 빠지면 정성이 허사가 될까봐 감기 몸살로 끙끙 앓으면서도 교회에 갑니다. 감기 몸살은 이제 단순한 질병이 아니라 반드시 이겨내야 하는 사탄의 시험이 됩니다.

그런 와중에 아들이 사고를 쳐서 큰돈이라도 들어가게 되면 가슴이 덜컥 내려앉습니다. "예배에 목숨 걸라는 목사님의 말씀이 맞았어." 아들이 사고 친 소식에 지난번 수요예배에 빠진 일부터 생각납니다.

사는 게 녹록치 않습니다. 미로를 헤매는 것처럼 어렵습니다. 그 어려운 길을 더욱 어렵고 복잡하게 만드는 것이 바로 교회입니다. 모든 교회가 그런 것은 아니지만, 그 수가 점점 많아지고 있는 것은 사실입니다.

무당들이 반드시 하는 말이 있습니다. "어허, 정성이 부족하구나!" 그런데 어느덧 그것은 교회에서 가장 많이 사용하는 말이 되었습니다. 물론 하나님은 우리의 정성을 바라십니다. 우리는 하나님께 최고의 정성과 사랑을 가지고 나가야 합니다. 그런데 하나님은 이사야 선지자를 통해 이런 말씀을 하십니다.

"너희의 무수한 제물이 내게 무엇이 유익하뇨.… 너희가 내 앞에 보이러 오니 이것을 누가 너희에게 요구하였느냐. 내 마당만 밟을 뿐이니라"(사 1:11-12).

한국 기독교는 기도를 많이 하기로 전 세계적으로 유명합니다. 기도로 새벽을 깨우고 대한민국을 깨웠습니다. 그런데 세상은 점점 악해지고 한국 교회는 쇠퇴합니다. 기도와 전도를 게을리 해서가 아닙니다. 다른 데 원인이 있습니다. 그런데도 여전히 기도와 전도만 강조한다면 문제를 해결할 수 없습니다.

기도와 전도가 소용없다는 말이 절대로 아닙니다. 무엇을 구해야 하는지 제대로 알고 하는 올바른 기도와, 교세 확장이 아닌 하나님의 길을 제대로 가르치는 올바른 전도가 그 어느 때보다도 절실합니다.

과거에 종교를 가졌던 국민 수가 대략 800만 명 정도라고 합니다. 그들이 믿었던 과거의 종교를 조사해보았더니 불교가 20%, 가톨릭교가 18%였습니다. 기독교는 얼마나 될까요? 무려 53%였습니다. 왜 그렇게 많은 사람들이 기독교를 버린 것일까요? 기도와 전도가 부족해서 그랬을까요? 아닙니다. 신뢰를 잃었기 때문입니다.

하나님의 말씀에 신뢰를 잃은 것이 아니라, 교회의 가르침과 목회자와 교인들을 믿지 못하겠다는 것입니다. 교회와 교회에 속한 사람들을 믿지 못하니 하나님의 말씀도 자연히 신뢰를 잃게 되었습니다.

출애굽기는 영어로 Exodus입니다. *ex*(밖으로)와 *hodos*(길)가 결합된 말입니다. 그러므로 가장 근본적인 의미는 '길을 벗어난다'는 것입니다. 그동안 별다른 생각 없이 다녔던 길을 벗어나 '새로운 길'로 가는 것을 의미합니다.

"고향과 친척과 아버지의 집을 떠나 내가 네게 보여줄 땅으로 가라"(창 12:1)는 하나님의 말씀을 듣고 아브라함의 여정이 시작됩니다. 고향과 친척과 아버지의 집은 인간이 열심히 다녔던 길입니다. 반면에 하나님이 지시하는 곳으로 가는 길은 여태껏 아무도 가보지 못한 새로운 길입니다.

출애굽기는, 아브라함이라는 개인의 차원을 넘어 이스라엘이라는 민족공동체가 하나님의 인도로 떠나는 여정을 기록한 책입니다. 하나님은 우리가 과연 어떤 새로운 길로 가기를 원하실까요? 이 책을 읽으며 그 길을 찾아야 합니다.

이스라엘은 430년간 노예생활을 했습니다. 하루하루 연명하는 너무나 고단한 길이었습니다. 하나님은 그 고단한 길에서 이스라엘 백성을 구원하시고 새로운 길로 가게 하셨습니다. 그 여정에서 만나와 메추라기로 그들을 먹이시며, 일찍이 인류가 보지 못했던 두 가지를 주셨습니다. 십계명과 성막聖幕입니다.

십계명과 성막을 주신 목적은 노예 이스라엘을 하나님의 제사장 나라로 만들기 위해서입니다. 그러니까 십계명은 제사장이 되는 데 필요한 교과서이며, 성막은 학교라고 할 수 있습니다. 이것을 통하여 하나님의 깊은 뜻을 깨닫고 하나님 대신 미로를 헤매고 있는 사람들을 하나님께로 인도하라는 것입니다.

제사장은 누구보다도 하나님의 뜻을 명확하게 아는 사람들입니다. 다른 말로 하면, 하나님이 열어주신 새로운 길에 정통하고 유능한 안내자들입니다.

그런데 교회의 가르침으로 인해 많은 교인들이 더 복잡하고 고단한 길을 가고 있습니다. 그 길은 점점 더 꼬여듭니다. 기도와 전도와 헌금을 더욱 열심히 해서 하나님을 감동시키라는 교회의 가르침에 충실하면 할수록 그의 삶은 더욱 곤고해지고, 인생이 잘 풀릴 날을 기다리는 일은 더욱 힘들어질 것입니다.

출발부터 잘못되었다고 할 수 있습니다. 하나님을 잘 섬기면 복을 받아 천박한 노예도 존귀한 제사장이 되어 부귀영화를 누린다는 논리는 옳지 않습니다. 신을 잘 섬겨 무병장수와 부귀영화를 누리고자 하는 것은 동서고금을 막론하고 사람이라면 누구나 추구했던 길입니다. 낡을 대로 낡은 길, 가장 오래된 길이지요. 이제 그 길에서 떠나야 합니다.

하나님은 430년 동안 노예근성으로 찌든 사람일지라도 존귀한 제사장으로 세워 하나님의 사명을 감당케 하실 수 있음을 출애굽기를 통해 보여주십니다.

제사장직은 존귀한 직책이지만, 그 직책을 수행한다고 해서 사람이 존귀해지는 것은 아닙니다. 하나님의 뜻에 합당하게 제사장

직을 수행해야 그 사람이 존귀해집니다.

　이스라엘은 제사장 역할을 제대로 수행하지 못해 하나님께 외면을 당했습니다. 그것을 지적하러 하나님의 아들 예수님이 이 땅에 오셨는데, 그분마저 십자가에 매달아버렸습니다.

　예수님은 크리스천의 무병장수, 부귀영화를 위해 이 땅에 오신 것이 아닙니다. 인간이 감당 못할 정도로 복잡하게 왜곡시켜버렸던 하나님의 길을 바로잡기 위해 이 땅에 오셨습니다.

"구약은 영상, 신약은 자막"이라는 말이 있습니다.

　출애굽기는 구약의 복음서이며, 유월절 사건은 구약의 십자가 사건입니다. 예수님의 가르침과 받으신 십자가 고난의 원뜻이 출애굽기에 영화처럼 전개되고 있습니다.

　생생하게 전개되는 하나님의 '새로운 길'을 모세 및 이스라엘 백성들과 함께 보고 체험하며 배우시길 바랍니다. 그래서 미로를 헤매는 고단한 삶에서 벗어나 제사장으로서 존경받는 지위에 오르고 거침없이 신나게 사는 삶을 회복하기를 진심으로 바랍니다.

"내가 애굽 사람에게 어떻게 행하였음과
내가 어떻게 독수리 날개로 너희를 업어 내게로 인도하였음을
너희가 보았느니라. 세계가 다 내게 속하였나니 너희가 내 말을 잘 듣고
내 언약을 지키면 너희는 모든 민족 중에서 내 소유가 되겠고
너희가 내게 대하여 제사장 나라가 되며 거룩한 백성이 되리라."

출 19:4-6

The Story of Heaven

1

구원 프로젝트, 시동 걸기

하나님이 그들의 고통 소리를 들으시고
하나님이 아브라함과 이삭과 야곱에게 세운 그의 언약을 기억하사
하나님이 이스라엘 자손을 돌보셨고 하나님이 그들을 기억하셨더라(출 2:23-25).

1강

Exodus

출애굽기,
어떻게 읽어야 하나요?

구약에는 출애굽기,
신약에는 사복음서라는 봉우리가 있습니다.
그 전체를 거느리는 최고봉은 단연 십자가 봉우리입니다.
길을 제대로 찾아가려면 그 봉우리를 중심으로 나무 몇 그루가 아니라
산맥 전체를 보아야 합니다.

출애굽기 1강

　제주 김녕에 가면 미로 공원이 있습니다. 키 큰 나무들을 촘촘하게 심어 복잡한 미로를 만들어놔서 그곳에 들어가면 길을 찾아 나오기가 간단치 않습니다. 이곳저곳을 헤매다가 끝내 출구를 찾지 못한 사람들이 공히 하는 일이 있습니다. 하늘을 바라보는 일입니다. 그 눈길들이 모이는 곳에는 조망대가 있고 그곳에서 사람들이 미로를 한눈에 내려다보고 있습니다. 아래서는 이리저리 헤매도, 위에서는 어디로 가야 하는지 훤히 보입니다. 조망대에 서 있는 사람들의 지시를 따라 가다보면 복잡한 미로를 빠져 나올 수 있습니다.
　성경은 세상에서 일어난 일들에 관한 기록입니다. 1500여 년 동안 40명의 사람들이 기록했는데 놀라운 통일성이 있습니다. 그 이유는 '하나님의 감동'(딤후 3:16)으로 기록했기 때문이라고 말합니다. 하나님의 감동이란 곧 '성령의 감동'(벧후 1:21)입니다. 성령이란 무엇보다도 하나님의 깊은 뜻을 통달케 하는 영입니다. 성경의 저자들은 성령의 감동으로 인해 하나님의 마음을 알았고, 하나님의 시각으로 세상을 보았습니다. 조망대에서 미로를 내려다보는 사람처럼 어디로 가야 하는지 알았다는 것입니다. 그래서 성경은 어느 책보다도 중요합니다.

성경을 한번 큰 시각으로 조망해봅시다.
성경은 구약 39권, 신약 27권, 모두 66권으로 구성되어 있습니다. 구약은 23,144구절, 신약은 7,956구절, 모두 31,100구절로 이루어졌습니다.
이 성경을 산맥에 비유해봅시다. 그 산맥은 서로 연결되어 있지만 크게 둘로 나눌 수 있습니다. 구약은 39개의 봉우리, 신약은 27개의 봉우리로 되어 있습니다. 파노라마처럼 펼쳐진 성경의 산맥을 멀리서 조망해보면 우뚝 솟은 두 봉우리가 눈에 들어옵니다. 구약에는 출애굽기라는 봉우리, 신약에는 마태, 마가, 누가, 요한복음이라는 봉우리입니다. 그 산맥 전체를 거느린 최고봉이 있는데, 바로

'십자가 봉우리' 입니다.

그런데 많은 사람들이 산맥 전체를 보지 않고 나무 몇 그루만 들어 산맥 전체를 설명하려고 합니다. 그러다 보니 전혀 엉뚱한 방향으로 가고 길을 잃어버리는 경우가 흔히 일어납니다.

예를 들어, "내게 능력 주시는 자 안에서 내가 모든 것을 할 수 있느니라"(빌 4:13)는 오용되는 대표적인 말씀 가운데 하나입니다. 하나님만 열심히 믿으면 만사형통, 원하는 모든 일이 이루어진다는 뜻으로 사용합니다. 그러나 실제로는 그런 뜻이 아닙니다. 하나님을 믿는 믿음과 하나님의 지혜가 있기에 어떤 고난을 겪어도 원망하거나 비굴해지지 않고, 아무리 풍족해도 거만해지지 않는다는 뜻입니다.

사실 성경에는 이것 말고도 훨씬 더 중요한 말씀들이 얼마든지 많습니다.

"회개하라. 천국이 가까이 왔느니라"(마 4:17). 얼마나 중요하면 예수님이 공생애를 시작하면서 이 말씀부터 하셨겠습니까?

"근신하라. 깨어라. 너희 대적 마귀가 우는 사자같이 두루 다니며 삼킬 자를 찾나니"(벧전 5:8). 사탄이 던진 것인 줄도 모르고 눈앞의 이익을 쫓다가는 사탄의 제물이 되기 십상이라는 베드로 사도의 간절한 외침입니다. 복 받는 비결이 담긴 말씀보다 이런 외침들에 훨씬 더 귀를 기울여야 합니다. 그래야 진짜 하나님의 복을 받고 누릴 수 있습니다.

성경 구절들을 나무에 비유한다면, 그 크기와 중요성이 각각 다릅니다. 그런데도 그것을 구분하지 못하는 사람들이 있습니다. 갈보리 언덕에 십자가 나무가 세워진 후 수명을 다한 나무들도 많습니다. 그런데도 그런 나무들을 여전히 중시합니다. 돼지고기를 먹지 말라는 나무는 애지중지하는 반면에 예수님의 십자가 나무는 보려고 하지 않습니다. 여호와의 증인과 같은 사람들이 좋은 예일 것입니다.

하나님이 과연 복을 주시는지 십일조로 시험해보라(말 3:10)는 말씀은 많은 목사들이 특별 관리하는 나무입니다. 그 나무를 커다란 화분에 심어 교인들이 가장 잘 볼 수 있는 곳에 놓아둡니다.

"여호와여 주는 주의 일을 이 수년 내에 부흥하게 하옵소서"(합 3:2)라는 말씀은 가장 잘못 사용되는 나무일 것입니다. 이 말씀은 교회 부흥과는 아무 관련이 없고, 오히려 교회를 망하게 해달라는 뜻입니다. 하박국 예언자가 말하는 '주의 일'이란 바벨론 침공으로 남유다왕국이 멸망하는 것을 뜻합니다. 그 일이 수년 내에 속히 이루지게 해달라는 것입니다. 그런데 '부흥'이라는 단어를 워낙 좋아하다보니 커다랗게 새겨서 강단 옆 기둥에 걸어둡니다. 하지만 그 뜻은, 이 교회를 수년 내에 망하게 해달라는 것입니다.
　왜 이런 기막힌 일들이 생기는 것일까요? 산이나 숲을 보지 않고 나무 한 그루만 보기 때문입니다. 하나님의 말씀을 바로 이해하기 위해서는 먼저 산맥 전체를 조망해야 합니다. 말씀의 전후좌우 정황을 잘 살펴야 합니다.

　이스라엘 백성은 창세기, 출애굽기, 레위기, 민수기, 신명기를 '모세오경'이라 부르며 가장 중요한 책으로 여겼습니다. 그중에 가장 중요한 책이 출애굽기입니다.
　에덴동산의 중앙에 생명나무와 선악을 알게 하는 나무가 우뚝 서 있듯이, 구약 산맥의 중앙에는 '출애굽기'라는 봉우리가 우뚝 서 있고, 그 양옆에 '창세기'와 '민수기'라는 봉우리가 솟아 있습니다. 간단히 설명하자면, 창세기는 이스라엘 백성이 출애굽하게 된 근원을 밝히고, 민수기는 그들이 출애굽 후 시내 광야에서 40년 동안 살아간 이야기를 담고 있습니다.
　레위기와 신명기의 경우 좀 더 자세한 설명이 필요합니다.
　하나님은 이스라엘 백성을 이집트에서 구원해낸 이후 시내 산으로 인도하셨습니다. 그곳에서 그들과 가장 중요한 '시내 산 계약'을 맺습니다. 여기서 가장 중요한 계약이라고 말한 이유는, 이 외에 다른 계약들이 있는데 각기 그 경중이 다르기 때문입니다. 경중을 따지지 않고 모든 일을 동일하게 취급하면 심각한 문제가 생깁니다. 어떤 문제인지는 차차 알게 될 것입니다.

하여튼 시내 산 계약은 구약 성서에 기록된 모든 계약 중에서도 가장 기본이 되는 계약입니다. 구약이라고 해서 이미 죽은 계약으로 생각했다간 큰 코 다칩니다. 계약의 골자를 알면 시내 산 계약이 지금도 여전히 유효한 이유를 저절로 알게 됩니다. 그 골자는 '하나님은 이스라엘 백성의 하나님이 되며, 이스라엘 백성은 하나님이 택하신 나라, 곧 제사장 나라가 된다'는 것입니다.

사도 베드로는 "너희는 택하신 족속이요 왕 같은 제사장들이요"(벧전 2:9)라고 말했습니다. 여기서 '너희'는 목사들뿐만 아니라 모든 크리스천들을 지칭합니다. 그럼에도 많은 사람들이 시내 산 계약이 폐기된 줄 알고 목사들만 제사장 행세를 하도록 내버려둡니다. 어리석고도 무서운 직무 유기입니다. 잘못 가르친 목사들의 책임이 무엇보다 크고, 무작정 추종하는 교인들의 방관에 다음으로 책임이 있습니다. 하나님은 직무 유기 죄를 무섭게 추궁하십니다. 이스라엘이 하나님께 버림 받은 이유가 바로 직무 유기였음을 기억하십시오.

하나님은 시내 산 계약에서 '너무나' 중요한 두 가지를 주십니다. 바로 '십계명'과 '성막'입니다. '너무나'라는 말로 강조한 것은 정말 중요하기 때문입니다. 십계명을 외우십니까? 못 외운다면 중요한 것을 너무나 모르고 있는 것입니다. 십계명 역시 지금도 여전히 유효합니다. 십계명은 노예였던 이스라엘 백성을 하나님의 제사장 나라로 만드는 기본 '교과서'이며, 성막은 '하나님의 학교'라고 할 수 있습니다. 매우 중요한 것이기에 여기에는 당연히 자세한 설명이 따릅니다. 곧 신명기는 '십계명의 시행 세칙'이며, 레위기는 '성막 운영 지침서'입니다.

정리하자면, 모세오경의 중심은 출애굽기로서 창세기는 그 기원을 밝히고, 민수기는 그 이후의 이야기를 담고 있으며, 신명기와 레위기는 출애굽기의 시내 산 계약을 설명하고 있습니다. '창출레민신', 모세오경을 줄인 말입니다. 외워두면 아주 유용하게 사용할 수 있습니다.

또 하나 중요한 점이 있습니다. 구약의 나머지 책들은 모두 출애굽기의 반복 또는 회복 내지는 재해석, 나아가 출애굽을 다시 체험하며 부르는 찬양이라고 할 수 있다는 것입니다.

구약의 전체 그림이 머릿속에 그려졌습니까? 그래야 각론으로 들어갈 수 있습니다. 총론 없는 각론은 기독교를 하등종교로 전락케 합니다.

이제 슬슬 출발해봅시다.

출애굽기는, 절망적인 상황에 처했으나 스스로 문제를 해결할 수 없던 이스라엘 백성을 하나님이 이 땅에서 한 번도 본 적 없는 크고 놀라운 방법으로 구원해낸 이야기입니다. 그래서 출애굽기를 '구약의 십자가 사건'이라고 부릅니다.

출애굽기 봉우리가 구약 전체를 거느리듯 신약과 구약 전체를 거느리는 봉우리는 '예수 그리스도의 십자가'입니다. 십자가 봉우리로부터 나오는 빛이 온 산맥과 봉우리와 숲과 나무 한 그루 한 그루, 가지 하나하나를 비추고 있습니다. 성경은 예수 그리스도의 십자가 빛으로 조명하고 해석하며 적용할 때 비로소 그 말씀에 담긴 하나님의 생명력과 지혜와 경륜을 제대로 이해할 수 있습니다.

산맥 전체를 조망하는 것 외에 또 하나 중요한 것은 '하나님의 구원 계획'을 올바로 아는 것입니다. 하나님의 구원 계획을 식물의 종자 개량에 비유할 수 있습니다.

사탄의 수중에 들어간 세상과 사람을 구원하기 위하여 하나님이 가장 먼저 하신 일은 아브라함을 부르는 것이었습니다. 하나님이 세우신 구원 계획의 제1단계입니다. 아브라함은 하나님의 약속을 믿고, 그 부르심에 순종하여 길을 떠났습니다. 이를 통하여 '믿음의 씨앗'이 잉태되었습니다.

품종 개량이란 시원찮은 품종들을 제거하고 우수한 품종만 선택하는 것입니다. 이처럼 이스마엘 대신에 이삭이, 에서 대신에 야곱이, 열 한 명의 아들 대신에 요셉이 선택되었습니다. 그러는 동안 믿음의 씨앗은 점점 더 튼실해졌고, 마침내 요셉에 이르러 만족할 만한 믿음의 종자를 얻게 됩니다. 그래서 아브라함과 이삭과 야곱과 요셉을 '믿음의 조상'이라고 부르는 것입니다.

이로써 하나님의 구원 계획 제1단계가 마무리되는데, 그 이야기가 창세기에 기록되어 있습니다.

구원의 다음 단계는 '믿음의 종자'를 대량 생산하는 단계입니다. 중동 지방에서 가장 풍요로운 땅은 이집트였습니다. 나일 강 덕에 도무지 가뭄을 모르는 이집트를 하나님은 믿음의 묘목을 대량 재배하는 온실로 택하여 430년 동안 200만 그루의 묘목을 얻으셨습니다.

그 다음에는 그 묘목을 들판에 심어서 튼튼하게 키우고자 하셨습니다. 그 들판이 바로 '시내 광야'입니다. 힘든 환경을 견디고 자라난 묘목만이 좋은 나무가 됩니다. 그 기간이 40년이었는데, 그 훈련 기간에 적용되는 기준이 있었습니다.

하나님은 시내 산에서 모세를 통하여 이렇게 말씀하셨습니다.

"내가 애굽 사람에게 어떻게 행하였음과 내가 어떻게 독수리 날개로 너희를 업어 내게로 인도하였음을 너희가 보았느니라. 세계가 다 내게 속하였나니 너희가 내 말을 잘 듣고 내 언약을 지키면 너희는 모든 민족 중에서 내 소유가 되겠고 너희가 내게 대하여 제사장 나라가 되며 거룩한 백성이 되리라"(출 19:4-6).

"너희가 내 말을 잘 듣고 내 언약을 지키면." 바로 이것이 하나님의 기준입니다. 한마디로 믿음과 순종입니다. 하나님의 약속을 믿고 순종하는 사람들만 제사장 역할을 감당할 수 있습니다. 그 사람들은 선택을 받았고, 나머지는 버려졌습니다.

그렇게 선택받는 사람들이 여호수아와 갈렙, 그리고 광야에서 새로 태어난 신세대들이었습니다. 여기까지가 하나님이 세우신 구원 계획의 제2단계이고, 그 과정이 출애굽기, 레위기, 민수기, 신명기에 기록되어 있습니다.

구원의 다음 단계는, 살아남은 튼튼한 묘목들을 경작지에 심어서 열매를 수확하는 단계입니다.

하나님이 택하신 경작지는 '가나안 땅'이었습니다. 그런데 그곳에는 이미 잡다한 나무가 자라고 잡초들이 무성했습니다.

농부들은 농사짓기에 앞서 잡목과 잡초부터 제거합니다. 하나님도 마찬가지입니다. 가나안 땅에서 제일 먼저 할 일은 이방인들을 제거하는 것이었습니다. 하나님은 말씀하셨습니다. "네 하나님 여호와께서 그들을 네게 넘겨 네게 치게 하시리니 그때에 너는 그들을 진멸할 것이라"(신 7:2). 그 진멸은 철저해서 남자뿐만 아니라 여자와 어린이까지 포함하는 것이었습니다. 혼인은 물론 그들과 어떤 언약도 맺어서는 안 되며, 특히 그들의 신들을 철저히 파괴해야 했습니다.

그런데 이스라엘 백성은 이 단계에서 그만 주저앉고 맙니다. 매우 애석한 일입니다. 이스라엘은 잡목과 잡초를 제거하는 대신 그들에게 동화되고 말았습니다. 하나님이 애써서 가꾼 묘목들이, 하나님이 거저 마련해주신 그 땅에서, 하나님이 원하시는 열매를 맺지 못하고 그만 돌배나무, 돌감나무로 전락한 것입니다.

실패 원인은 두 가지입니다.

첫째, '폐쇄적인 선민의식', 즉 시오니즘 때문입니다. 그들은 자신들이 하나님의 선민임을 알고 있었습니다. 그런데 선민의식은 하나님의 제사장으로서, 하나님의 지도자나 봉사자로서 사는 동기가 되지 못하고 왜곡된 특권의식으로 작용했습니다. 오늘로 치면, 대통령으로 뽑아줬더니 권위를 부리며 자기 패만 챙겼다는 것입니다.

탈무드에 그들이 얼마나 오만한지 보여주는 말이 나옵니다. "이방인들은 모두 개인데, 하나님이 그들에게 사람의 모습을 주신 것은 우리가 장차 세상에서 왕 노릇할 때 혐오감을 느끼지 않도록 하기 위해서이다." 이런 오만한 생각이 그들을 실패로 몰았습니다.

둘째, 하나님의 사명보다 '자신들의 번영'에 관심이 있었기 때문입니다. 그래서 번영을 약속하는 이방 신들을 스스럼없이 받아들이고 여호와 하나님도 이방신 섬기듯 했습니다. 하나님의 말씀과 명령을 듣지 않고 뇌물 바치듯 제사에 임하여 이사야 선지자의 말처럼 '성전의 마당만 밟으며'(사 1:12) 살았습니다. 이것이 바로 기복신앙입니다.

하나님은 실망하고 노하셨습니다. 예언자 말라기를 통해 마지막으로 피맺힌 경고를 하고 하늘 문을 '꽝' 닫으셨습니다. 그 피맺힌 마음을 읽지 못한 채 십일조로 하나님을 시험해보라고 한 말라기의 말씀을 오용한다면, 예언자 말라기는 어안이 벙벙할 것이고 하나님은 가슴을 치실 것입니다.

'어처구니'가 없으면 맷돌이 헛돌기 마련입니다. 성경의 어처구니, 곧 중심을 이루는 맥을 찾아야 합니다. 맥을 찾지 못하면 성경은 그저 복 받는 비결 모음집으로 전락하며, 그 결과 사람들은 더욱 복잡한 세상의 미로 속으로 빠져들 것입니다.

앞서 이야기했습니다만, 대한민국 국민 중 대략 800만 명 정도가 과거에 종교를 가졌던 사람들인데, 그들이 속했던 과거의 종교는 불교 20%, 가톨릭교 18%인 데 반해 개신교는 무려 53%에 이른다고 합니다. 개신교가 과도한 기복신앙으로 흘러서 생긴 무서운 결과입니다. 개신교의 가르침을 믿어봤자 일이 제대로 풀리지도 않고 오히려 복잡해졌다는 것입니다. 그래서 개신교가 버림을 받은 것입니다.

맥, 중심을 상실하면 종교는 반드시 기복신앙과 미신으로 전락한다는 사실을 역사가 보여줍니다. 그래서 하나님의 구원 계획을 아는 것이 중요합니다. 하나님이 세우신 구원 계획의 마지막 단계를 알아봅시다.

구원의 마지막 단계는, 하나님의 구원을 온 세계에 확산시키는 단계입니다. 이 마지막 단계를 행하러 하나님이 육신을 입고 이 땅에 오셨습니다. 예수 그리스도입니다. 예수님은 십자가에서 온 세상을 밝히는 생명과 구원의 빛을 발하셨습니다. 그 구원의 빛이 시대와 나라를 뛰어넘어 오늘 우리에게 이르렀고, 우리는 하나님의 부르심을 받아 그 생명의 빛에 들어가 구원을 얻었습니다.

사도 베드로는 이런 귀한 말씀을 남겼습니다.

"그러나 너희는 택하신 족속이요 왕 같은 제사장들이요 거룩한 나라요 그의 소유가 된 백성이니 이는 너희를 어두운 데서 불러내어 그의 기이한 빛에 들어가게 하신 이의 아름다운 덕을 선포하게 하려 하심이라"(벧전 2:9).

하나님은 우리를 불러 새로운 제사장 나라로 임명하셨습니다. 그래서 우리를 '새 이스라엘'이라고 부릅니다.

하나님의 구원 계획은 개인에서 가족으로, 다시 민족공동체로, 최종적으로 전 세계로 확대됩니다. 이러한 계획을 인식하는 것이 대단히 중요합니다. 내가 어느 위치에 서 있는지, 어디로 가야 하는지 그 올바른 방향을 알게 되기 때문입니다.

혹시 개인 구원에 만족하고 있진 않은지, 그저 가족의 안녕과 번영만 바라보며 멈춰 서 있지는 않은지 스스로 점검하십시오. 구원계획의 다음 단계로 넘어가지 못하는 사람들은 자멸하거나 하나님이 저버리셨음을 기억해야 합니다.

농부는 기준에 맞지 않는 품종이 나오면 아무리 정성을 들였다고 해도 그것을 불에 태워버립니다. 다른 종자에 나쁜 영향을 미치지 못하게 하기 위해서입니다. 도공은 작은 흠 하나만 있어도 미련 없이 도자기를 깨뜨려버립니다. 명품을 남기기 위해서입니다.

하나님은 예레미야 선지자를 통하여 말씀하십니다.

"너희는 예루살렘 거리로 빨리 다니며 그 넓은 거리에서 찾아보고 알라. 너희가 만일 정의를 행하며 진리를 구하는 자를 한 사람이라도 찾으면 내가 이 성읍을 용서하리라"(렘 5:1).

"공의와 진리를 구하는 자." 하나님은 그렇게 살기를 원하는 한 사람을 애타고 찾고 계십니다. 어차피 인생은 단 한 번 가는 순례 길인데 그렇게 살아보면 어떨까요?

그 첫걸음이 성경에 나타난 '하나님의 마음 읽기' 입니다.

2강 | 출애굽기 2:1-3

Exodus

왜 이다지
살기 어려운 거야

이유를 알 수 없는 고난이 시작되었습니까?
그렇다면 하늘을 올려다보십시오.
그곳에서 진행되는 일들이 있습니다.
크리스천은 땅에서 하늘을, 동시에 하늘에서 땅을 보는 존재들입니다.

출애굽기 2강

어느 날 핀란드 교도소 국기 게양대에 새로운 깃발이 올랐습니다. 30년 만에 오른 깃발입니다. 그 깃발은 교도소가 비었다는 표시입니다. 다른 나라 교도소들은 차고 넘치는데 핀란드 교도소는 텅텅 비었습니다. 핀란드는 그 정도로 깨끗한 나라입니다. 게다가 부유하기까지 합니다. 스웨덴도 마찬가지입니다. 우리나라도 그러면 얼마나 좋을까요. 그런데 핀란드 교도소는 2007년 11월에 안타깝게도 그 깃발을 내려야 했습니다. 누구 때문이었을까요? "그런 지상낙원에서 범죄라고 해봤자 아주 사소한 일이겠지"라고 생각하다가, 진상을 알고 나면 입이 다물어지지 않을 것입니다.

열여덟 살 아우비넨이라는 학생이 헬싱키의 한 고등학교 복도를

왜 이다지 살기 어려운 거야

지나며 교실을 향해 무차별 난사를 한 것입니다. 그 사건으로 교장을 포함해 여덟 명이 죽고 열 명이 부상을 당했습니다. 더욱이 2008년 9월에는 요켈라 고등학교에서 일어난 총기 난사 사건으로 열한 명이 목숨을 잃어야 했습니다. 버지니아 공대의 조승희 사건을 흉내 낸 비극이었습니다.

핀란드는 최고의 국가 청렴도를 자랑하는 나라가 아닙니까? 오죽하면 사람들이 그 나라를 지상낙원이라고 부르며 부러워하겠습니까? 그런데 왜 이런 일이 일어난 것일까요? 놀라운 일은 이뿐만이 아닙니다. 지상낙원이라는 스칸디나비아 삼국이 세계에서 가장 높은 자살률을 기록하고 있습니다. 아이러니가 아닐 수 없습니다. 우리나라 역시 소득 수준이 높아질수록 자살률이 높아지고 있다고 합니다. 참으로 이해할 수 없는 게 사람의 마음인가 봅니다.

여기에는 여러 이유가 있겠지만 전문가가 아닌 저는 그 중 한 가지만 지적하고 싶습니다. 고난 없는 풍요가 행복이 아닌 그저 '지루한 권태'로 인식되었기 때문은 아닐까요?

고난을 좋아하는 사람들은 분명 없을 것입니다. 우리는 고난을 싫어하고 한사코 피하려 합니다. 그런데 이 고난을 애용하는 분이 있습니다. 바로 하나님입니다. 너무 자주 사용해서 정신을 못 차릴 정도입니다.

　사람들은 고난을 당하면 가장 먼저 '내가 뭘 잘못했나?' 하는 생각을 합니다. 고난의 가장 큰 의미는 '징계' 입니다. 하지만 징계로 오는 고난에는 그다지 큰 의미가 없습니다. 잘못했으니 당연히 치르는 대가이지요.

　한편 '이유를 알 수 없는 고난' 이 있습니다. 여태껏 큰 잘못이나 실수 없이 성실히 살아왔는데 어느 날 감당하기 어려운 고난이 찾아옵니다. 애써서 쌓아놓은 것이 요란한 소리를 내며 한꺼번에 무너져내립니다. 뾰족한 해결책도 없습니다. 망연자실한 가운데 왜 고난이 왔는지 생각해보지만 도무지 그 이유를 알 수 없습니다. 그래서 억울하고 하나님이 원망스럽습니다.

　출애굽기는 이스라엘이 이유를 알 수 없이 고난을 당하는 데서 시작됩니다. 물론 그들이 고난을 당하는 데는 이유가 있습니다. 요셉을 알지 못하는 왕이 등극했기 때문입니다. 하지만 아무리 새 왕이 등극했다고 하더라도 요셉을 모를 리 없습니다.

　꽤 오래 전의 일입니다. 시도 때도 없이 중동에서 사건 사고가 일어나던 시절, 팔레스타인 사람들이 요셉의 묘를 훼손한 적이 있습니다. 팔레스타인 사람들도 요셉을 존경합니다. 그럼에도 불구하고 자기 조상들까지 살린 요셉의 묘를 훼손함으로 다시는 이스라엘과 협력하지 않겠다는 결의를 보인 것입니다. 이 사건은 오늘날까지 그들이 요셉이 누구인지 알고 있다는 반증이기도 합니다.

요셉을 알지 못한다는 새 왕이란, 셈 족 유목민 출신 힉소스 왕조를 무너뜨리고 재등장한 이집트 출신의 새로운 파라오를 말합니다. 이집트 1대 왕조의 파라오인 투트모스 1세로 추정됩니다. 투트모스 1세는 대단히 유능한 왕으로서 수많은 정복 전쟁에서 승리를 거두고 정치 수완을 발휘하여 이집트를 세계적인 제국으로 발전시켰습니다. 그는 유목민인 힉소스 왕조가 중시하던 유목민 출신의 이스라엘 백성을 노예 신분으로 떨어뜨리고 탄압했습니다. 그들에게 무거운 노역을 지우고 국고성 비돔과 라암셋 건설에 강제 동원했습니다.

더 기막힌 조치는, 이집트 산파들에게 이스라엘의 모든 남자아이를 살해하도록 명한 것입니다. 당시에 아들은 곧 미래의 소망이었습니다. 사람이 소망이라도 있으면 그럭저럭 고난을 참을 수 있는데 그마저 박탈한 것입니다. 이스라엘 백성들은 삶의 가장 밑바닥에 떨어져 소망마저 뺏기고 이유 모를 고난을 속수무책으로 당할 수밖에 없었습니다.

그런데 '이유를 알 수 없는 고난' 이야말로 매우 중요한 의미를 내포하고 있습니다.

'심층 보도'라는 것이 있습니다. 사건의 이면에 가려진 진실을 파헤쳐 보도하는 것입니다. 성경이 중요한 이유가 이것입니다. 어떤 사건이든 하나님의 시각으로 분석하고 보도한다는 점입니다. 하나님의 시각은 인간의 시각과는 달리 가장 정확하고 깊게 사건의 본질을 드러냅니다.

현재 하나님은 이스라엘을 향해 원대한 목표를 갖고 계십니다. 그 원대한 목표란 이스라엘을 하나님의 제사장 나라로 만드는 것입니다. 사람이라면 꿈조차 꿀 수 없는 계획입니다. 이스라엘 백성들은 학대와 착취를 당하며 하루하루를 연명하고 있습니다. 제사장은 남자가 맡는데, 이스라엘의 아들은 태어나는 순간 죽임을 당합니다. 손바닥만한 구름이라도 보여야 비를 기대할 텐데 그들에게는 그것조차 없습니다.

이렇듯 인간의 심층 보도는 그저 밑으로 깊게 파고들 뿐입니다. 깊고 깊은 절망 속에서 하나님의 엄청난 목표와 손길을 보기란 절대적으로 불가능합니다. 그러나 성경은 하나님의 시각에서 서술합니다. 정확하고 깊게 사건의 본질을 드러냅니다. 성경은 하나님의 심층 보도인 셈입니다. 살다가 이유를 알 수 없는 고난이 찾아오면 이렇게 생각해보는 것은 어떨까요? '혹시 하나님이 나를 위한 특별 계획에 들어가신 게 아닐까?'

존과 에드나 맥시밀리아 부부는 18개월 된 막내딸 루스를 데리고 특수 시설로 향하고 있었습니다. 루스가 중증장애아로 태어난 이후로 온 가족은 힘겹고 슬픈 삶을 살아야 했습니다. 사람들은 루스를 특수 시설에 보내라고 충고했고, 그들 부부는 그렇게 하기로 아주 어렵게 결단하고 길을 나선 터였습니다.

차 안에 흐르는 무거운 정적을 깨기 위해 존이 라디오를 켰습니다. 그런데 뜻밖에 동창생의 목소리가 흘러나왔습니다. 그 동창생은 두 다리 없이 태어났지만 열심히 살며 현재는 장애인 고용단체 회장직을 맡고 있었습니다.

라디오에서 그는 어린 시절을 회상하며 이렇게 말했습니다. "어머니는 제게 늘 이런 말씀을 하셨습니다. '장애를 가진 아기가 태어날 때가 되면 하나님과 천사들은 회의를 열어 그 아기를 어느 집에 보낼지 결정한단다. 어느 가정이 그 아기를 사랑해줄지 알아보고 말이야. 그래, 네가 태어날 때 우리 가정이 선택받은 거야.'"

그 말을 듣는 순간 존은 둔기로 머리를 한 대 맞은 것 같았습니다. 아내 에드나도 마찬가지였습니다. 에드나는 라디오를 끄고 눈에 눈물이 가득 고인 채 말했습니다. "여보, 지금 당장 집으로 돌아가요."

존은 그 순간 깨달았습니다. "20년간 연락없이 지내던 친구가 하필 그날 라디오에 나와 그런 말을 하다니 단순한 우연일까? 아니야, 하나님이 우리를 붙들어서 루스를 통해 더 의미 깊게 살도록 도와주신 거야."

야고보 사도는 고난과 시련의 목적을 다음과 같이 말합니다.

"내 형제들아 너희가 여러 가지 시험을 당하거든 온전히 기쁘게 여기라. 이는 너희 믿음의 시련이 인내를 만들어 내는 줄 너희가 앎이라. 인내를 온전히 이루라. 이는 너희로 온전하고 구비하여 조금도 부족함이 없게 하려 함이라"(약 1:2-4).

고난은 장애물 경주와 같습니다. 장애물은 앞으로 나가지 말라고 설치한 게 아니라 뛰어 넘으라고 있는 것입니다. 때로는 걸려 넘어지겠지만 다시 일어나서 넘다보면 그것은 더 이상 장애물이 아닙니다. 그러는 동안 나는 점점 더 건강하고 튼튼한 사람이 되어 갑니다.

이유를 알 수 없는 고난뿐만 아니라 다른 류의 고난이 시작될 때에라도 하나님은 그에 대한 준비를 하고 계십니다. 그렇다면 아예 처음부터 고난을 없게 하시면 안 되냐고 반문하는 사람이 있을 것입니다. 고난 없이 하나님의 자녀로 얌전하고 행복하게 살게 말입니다.

과연 그럴까요? 인간에게는 자유의지란 것이 있습니다. 스스로 선택할 권리가 있다는 뜻입니다. 그러나 아담과 이브로부터 지금까지 자유의지를 제대로 사용한 인간은 없었습니다. 그러므로 이제 제발 그런 식의 질문은 하지 않기를 바랍니다. "왜 날 이 모양으로 낳았어!"는 철들기 전에나 하는 말입니다. 아무리 그럴 듯하게 포장해도 "애당초 고난을 당하지 않으면 된다"라고 말하는 사람은 영적으로 철이 들지 못한 것입니다.

고난 없이 참 행복을 인식할 수 있을 만큼 인간은 영적이지 못합니다. 또한 그저 되는 대로 살다가 죽는 것이 인생이라면 하나님은 천지만물과 인간을 창조하지 않으셨을 것입니다. 하나님이나 부모나 사랑하는 자녀가 성장하기를 바랍니다. 그래서 하나님은 계획을 세우고 고난을 허용하며 성장 프로젝트를 시행하십니다.

"레위 가족 중 한 사람이 가서 레위 여자에게 장가들어"(출 2:1). "아무리 노예라도 결혼은 해야지" 하는 식의 한가한 이야기가 아닙니다. 드디어 하나님의 구원 프로젝트가 시작되었다는 뜻입니다. 레위 남자의 이름은 '아므람', 그가 장가간 여자의 이름은 '요게벳'입니다. 하나님은 이 두 사람을 구원 계획의 출발점으로 삼으셨습니다.

'아므람', 이름이 재미있지 않습니까? 아므람은 '암울함'으로 가득 찬 절망적인 상황에서도 아내 요게벳과 함께 모세를 낳고 기른 훌륭한 남자입니다. '암울함'을 '아므람'이 이긴 것입니다.

요게벳이라는 이름은 '하나님이 영광을 받으심'이라는 뜻입니다. 물론 사람이 이름에 담긴 뜻대로 사는 것은 아니지만, 하나님이 택하셨을 때에는 그 이름값을 하게 마련입니다. 이들 부부는 모두 신실한 하나님의 백성들이었습니다. 두 사람 사이에는 장남 아론과 장녀 미리암이 있었습니다. 모세가 태어났을 때에는 이스라엘 백성들에게 드리워진 그림자가 가장 짙었습니다.

아무리 이집트 파라오의 명령이 지엄해도 아므람과 요게벳은 도저히 셋째 아이 모세를 없앨 수 없었습니다. 그래서 아이가 태어난 사실을 이웃에게 숨기며 석 달 동안 아이를 몰래 키웠습니다. 그러나 더 이상 그럴 수 없게 되었습니다. 아이의 우렁찬 울음소리가 담을 넘었기 때문입니다. 결국 역청과 송진을 칠한 갈대 상자에 아기를 담아 나일 강에 떠내려 보내기로 했습니다. 어머니 요게벳은 아기 모세를 갈대 상자에 담아 나일 강의 갈대 사이에 두고 누나 미리암에게 잘 살펴보라고 했습니다.

그때 놀라운 일이 일어났습니다. 마침 파라오의 딸이 목욕을 하려고 강으로 내려왔다가 상자 안의 모세를 발견한 것입니다. 공주가 보기에도 매우 귀엽고 준수한 아기였습니다. 공주는 당연히 그 아이가 이스라엘 아기인 것을 알았습니다. 그런 일들이 흔했을 때이니까요. 그럼에도 그 아기를 데려다 키우기로 했습니다.

그때를 놓치지 않고 미리암이 공주 앞에 나섰습니다. "제가 가서 히브리 여인 중에서 유모를 불러다가 당신을 위하여 이 아이를 젖 먹이게 하리이까?" 공주는 이내 허락했습니다. 미리암은 한걸음에 달려가 어머니를 불러왔습니다. 그렇게 하여 요게벳은 공주에게 삯까지 받으며 자신의 아기를 키울 수 있었습니다. 이 무슨 횡재입니까! 남에게 돈을 받으며 자기 아이를 키운 경우는 모세의 어머니가 처음일 것입니다. 그런데 그것은 단순한 행운이 아니라 하나님의 계획이며 오묘한 섭리였습니다. 할렐루야!

당시 이스라엘 사람들은 험한 노역에 시달리며 살았습니다. 먹고살기도 힘들어 아이를 제대로 양육할 수도 없었습니다. 하나님은 모세를 이스라엘의 구원자로 택하고, 보호하고, 훌륭하게 양육하기 위하여 그렇게 하신 것입니다. 그것도 왕궁이 아니라 아므람과 요게벳의 집에서 자라게 하셨습니다.

"그 아이가 자라매 바로의 딸에게로 데려가니"(출 2:10).

모세는 히브리 가정에서 하나님의 방법으로 자라났습니다.

그런데 아므람과 요게벳이 행한 일을 히브리서는 다음과 같이 설명하고 있습니다.

"믿음으로 모세가 났을 때에 그 부모가 아름다운 아이임을 보고 석 달 동안 숨겨 왕의 명령을 무서워하지 아니하였으며"(히 11:23).

겉으로 드러나는 현상은 동일해도 그 중심은 전혀 다를 수 있습니다.

자신이 낳은 아이가 예쁘지 않을 부모는 없습니다. 그러나 지엄한 파라오의 명령이 있으니 모든 부모는 아들을 버리거나 한동안 숨기며 키웠을 것입니다. 그 마음이 얼마나 조마조마하고 무서웠겠습니까? 그러나 아므람과 요게벳은 달랐습니다. 그들은 부모의 정情에 앞서서 '믿음으로' 그 일들을 행했으며, 그러했기에 두려움이 없었습니다. 믿음은 용기의 근원입니다.

히브리서 기자는 모세를 가리켜 '아름다운 아이'라고 말합니다. 그저 용모에 대해 말하는 것이 아닙니다. 단순히 부모가 보기에 귀여운 게 아니라 하나님 보시기에 아름다웠다는 것입니다. "그가 잘생긴 것을 보고 석 달 동안 그를 숨겼으나"라는 구절에 쓰인 '잘생김'은 히브리어로 '토브 *tob*'인데, 그저 겉으로 드러난 것만이 아닌 내면의 출중함을 의미합니다. 아므람과 요게벳은 그 점을 알아본 것입니다.

아므람과 요게벳이 믿음의 사람이 아니었다면 어떻게 되었을까요? 하나님의 섭리는 물거품이 되었을 것입니다. 이런 일들이 일어나지도 않았을 것입니다. 그래서 믿음을 갖는 것이 무엇보다 중요합니다. 믿음이 없어서 하나님이 주신 기회를 놓친 채 수많은 모세를 그저 평범한 아이들로, 때로는 수치마저 안겨주는 아이들로 키우지 않았는지 냉정하게 자신을 점검할 필요가 있습니다.

자녀들을 여행 보낼 때 부모는 자녀가 행여 어려움에 처할까 온갖 준비를 다해줍니다. 하나님이 이 세상에 우리를 보내실 때도, 이 땅에서 충분히 행복하게 살 수 있는 모든 것을 이미 우리 안에 마련해놓으셨습니다. 분명 이 사실에 동의하지 못하는 사람들도 많을 것입니다. 그러나 세상의 위인들의 면면을 한번 훑어보십시오. 태어날 때부터 우수한 사람은 그다지 많지 않습니다. 오히려 그 반대입니다. 그런데도 그들은 어떤 역경과 고난에도 굴하지 않고 저마다의 꽃을 활짝 피워냈습니다.

마더 테레사는 동유럽 가난한 농촌에서 태어났습니다. 공부도 많이 하지 못했습니다. 키도 작고 외모도 변변치 않았습니다. 하나님이 준비를 제대로 못해준 것처럼 보이는 사람들 가운데 하나였습니다. 그녀는 그저 다른 사람들을 불쌍히 여기는 마음 하나로 묵묵히 살았습니다. 그 결과 40만의 인도 고아들을 살려냈고, 무엇보다도 많은 사람에게 큰 감동과 비전을 심어주었습니다.

우리는 어떻습니까? 테레사 수녀보다 훨씬 더 많은 것을 받았음에도, 그 재능과 에너지를 대립하고 경쟁하고 걱정하며 불평하고, 헛된 것을 쫓는 데 탕진해버리지 않았습니까?

여리고 착한 성품을 지닌 자녀가 있습니다. 부모는 저래서 어떻게 이 험한 세상을 살겠나 싶어 아이를 강하게 키우려고 잔소리하고 비교하고 비판합니다. 그러나 자녀는 그저 상처받은 작은 한 마리의 새로 살다가 끝납니다. 화가로 살아야 할 아이를 의사로 만들겠다고 다그치다가 부모와 자녀가 함께 지쳐버린 이야기가 주변에 널려 있습니다.

태어나는 모든 아이들은 모세입니다. 세상의 각자 처소에서 각자의 색깔로 자신과 남을 구원하며 신나게 살라고 보내신 하나님의 모세들입니다. 잊지 마십시오.

사도 바울은 다음과 같이 말합니다.

"우리가 사방으로 우겨쌈을 당하여도 싸이지 아니하며 답답한 일을 당하여도 낙심하지 아니하며 박해를 받아도 버린 바 되지 아니하며 거꾸러뜨림을 당하여도 망하지 아니하고 우리가 항상 예수의 죽음을 몸에 짊어짐은 예수의 생명이 또한 우리 몸에 나타나게 하려 함이라"(고후 4:8-10).

믿음이 있으면 하나님의 시각으로 사건을 보게 되고, 그 상황을 돌파할 수 있는 하나님의 지혜를 얻게 되며, 또 그것을 차분히 실행할 수 있습니다. 믿음은 육체와 죽음 너머의 세계를 바라보게 합니다.

모세를 키운 공주는, 강력한 군주 투트모스 1세의 무남독녀 핫셉수트로 여겨집니다. 왕위는 물려받지 못했으나 20년 동안 섭정한 막강한 권력의 소유자였습니다. 왕에 버금가는 강력한 존재였습니다. 그녀가 모세를 거두어 키운 데는 하나님의 분명한 의도가 있었습니다. 훗날 모세가 이집트의 파라오 앞에 당당히 나갈 수 있게 하기 위해서였습니다.

공주는 아기의 이름을 '모세'라고 지었습니다. '물에서 건짐을 받다'라는 뜻입니다. 무심코 지은 이름이겠지만, 거기에는 '하나님의 대리자'라는 의미가 담겨 있습니다. 그것은 하나님의 섭리에 의한 일이었습니다.

소망의 근거는 하나님입니다.

냄새나는 구유에 아기 예수가 누워 계셨듯이, 나일 강을 떠내려가는 갈대 상자에 아기 모세가 누워 있었습니다. 아기를 구유에 누일 수밖에 없었던 요셉과 마리아의 심정, 그리고 갈대 상자에 아들을 넣어 보내야 했던 아므람과 요게벳의 마음은 참담했을 것입니다. 그러나 하나님은 그 구유에 인류의 소망을 담으셨고, 작은 갈대 상자에 세상 누구에게서도 찾을 수 없는 이스라엘의 소망을 담으셨습니다. '모세' 라는 이름처럼 운명을 삼키는 성난 파도로부터 민족을 구해내시겠다는 것입니다. 하나님은 이렇게 당사자도 모르는 사이에 한 지도자를 준비하고 계셨습니다. 이것이 바로 하늘에서 진행되는 일입니다.

  인생의 승패는 내가 어디를 보느냐에 달려 있습니다. 땅만 보는 사람은 필연적으로 실패할 수밖에 없습니다. 속상하지 않은 일이 어디 있습니까? 동서남북 어디를 봐도 마음 상하는 일이요 낙담되는 일들뿐입니다. 수많은 사람들이 이 땅의 일에 휘둘리고 갈 길을 몰라 헤매고 살지만, 크리스천은 배후에서 성취하시는 하나님을 바라봅니다.

  크리스천은 땅에서 하늘을, 동시에 하늘에서 땅을 보는 존재들입니다.

  고난이 시작되었습니까? 그렇다면 하늘을 올려다보십시오. 하늘에는 모든 준비가 되어 있습니다. 하늘에서 내려다보십시오. 기도로 하나님께 지혜를 구하십시오. 고난을 통과하여 영광에 이르는 길이 보일 것입니다.

3강 | 출애굽기 2:11-12

힘을 빼거라, 모세야

여든 살, 지팡이에 의지하는
초라한 노인이 되어버린 모세를 찾아오신
하나님의 참뜻은 어디에 있을까요?
하나님의 뜻과 때를 아는 것은 신앙생활의 본질이며 중심입니다.

출애굽기 3강

제대로 된 지도자를 찾기 어려운 세상입니다. 그래서 2008년 10월 포이에마예수교회를 시작하면서 헌금의 25%는 크리스천 지도자 양성에, 또 다른 25%는 소외된 이웃을 돕는 데 쓰기로 하고, 교회 건물은 짓지 않기로 했습니다. '포이에마'는 '작품'이라는 뜻의 헬라어입니다. 교회가 본질에 충실해보자는 것입니다. 바로 그때 목사나 교인들이 하나님의 작품이 될 수 있지 않을까요? 사실 제대로 된 목회자 한 명만 있어도 수십 년 동안 수백, 수천 명이 행복할 수 있습니다.

알고 보면 인간은 모두 지도자입니다. 리더십을 발휘할 가장 중요한 대상은 바로 나 자신입니다. 훌륭한 지도자는 하루아침에 탄생하지 않습니다. 완벽한 지도자는 없습니다. 하나님 앞에 가는 그 순간까지 자기 발전과 자기 성찰을 계속해야 합니다.

하나님은 모세라는 지도자를 키우기 위하여 80년을 투자하셨습니다.

모세는 유모가 된 어머니 요게벳과 아버지 아므람으로부터 신앙 교육을 받았습니다. 히브리인으로서 정체성을 확립했습니다. 동시에 강력한 군주 투트모스 1세의 무남독녀 핫셉수트의 양자가 되어 당대 최고 문명의 엘리트 교육을 받았습니다. 그러다 나이 마흔에 생의 일대 전환점이 되는 중요한 사건을 겪습니다.

어느 날 모세 왕자는 노역 현장을 찾았습니다. 그곳에서 히브리인 노예들이 이집트 감독에게 폭행당하는 장면을 목격합니다. 동족이 맞는 모습에 분노가 치민 모세는 이집트 감독을 살해하고 암매장했습니다. 다음날 두 히브리인이 싸우는 것을 목격하고 둘을 중재하려고 나섰습니다. "네가 어찌하여 동포를 치느냐?"라고 잘못한 사람에게 말했습니다. 그러자 놀라운 대답이 돌아왔습니다. "누가 너를 우리의 주재와 법관으로 삼았느냐? 이집트 사람을 죽인 것처럼 나도 죽이려느냐?" 모세는 그 사건을 계기로 미디안 광야로 도망을 칩니다.

신약 성경은 두 번에 걸쳐 이 사건을 해석하고 있습니다. 영적 심층 보도입니다.

"나이가 사십이 되매 그 형제 이스라엘 자손을 돌볼 생각이 나더니 한 사람이 원통한 일 당함을 보고 보호하여 압제 받는 자를 위하여 원수를 갚아 애굽 사람을 쳐 죽이니라. 그는 그의 형제들이 하나님께서 자기의 손을 통하여 구원해 주시는 것을 깨달으리라고 생각하였으나 그들이 깨닫지 못하였더라"(행 7:23-25).

"믿음으로 모세는 장성하여 바로의 공주의 아들이라 칭함 받기를 거절하고 도리어 하나님의 백성과 함께 고난 받기를 잠시 죄악의 낙을 누리는 것보다 더 좋아하고"(히 11:24-25).

모세는 히브리인으로서 자신이 해야 할 일에 눈을 떴습니다. '하나님이 내 손을 빌어 이스라엘 백성을 구원하시려는구나' 하는 자각입니다. 이것은 나아가 대단한 신앙적 결단입니다. 공주의 아들이라는 지위와 낙을 버리고 동족인 하나님의 백성과 고난을 함께하겠다는 결단입니다. 왕자 신분에서 노예 신분으로 내려앉겠다는 결단입니다. 하늘 보좌를 버리고 인간의 몸으로 이 땅에 오신 예수님의 결단에 버금가는 일입니다. 아무나 할 수 없는 위대한 자각이며 결단입니다.

그런데 놀랍게도 하나님은 모세의 이 엄청난 자각과 결단을 거절하셨습니다. '허걱!' 왜 그러셨을까요?

모세의 결단과 하나님의 거절을 보면서 제 자신을 돌아보지 않을 수 없습니다. 알량하기 그지없는 결단, 그러면서도 그 초라한 결단을 자못 비장하게 신앙의 이름으로 팔고 있는 모습, 그리고 그 결단을 대단치 않게 여기는 사람들에 대해 느끼는 분개와 실망을 생각해봅니다. 하나님이 모세의 결단도 거절하신 마당에 제 결단 따위는 쓰레기통에 내버려도 할 말이 없습니다.

요즈음 좀 열심히 신앙생활 한다 싶은 사람들의 모습을 보면 너무 비장한 것 같습니다. 알고 보면 대부분 자기 복 받고자 나선 것인데 마치 조국을 위해 목숨을 바치러 나선 독립군 같은 표정을 짓습니다. 교회 주방에서 남보다 몇 년 더 일했다고 시어머니 노릇하는 교인들이 어느 교회에나 꼭 있습니다. 단기 선교만 다녀와도 개선장군에게나 보냄직한 열렬한 환영을 기대합니다.

전도, 봉사, 헌금을 지나치게 강조하고, 또 열심히 하는 사람들이 담임목사의 칭찬을 도맡아 받다보니 무슨 대단한 일을 한 양 목에 힘이 들어가서 그런 게 아닐까요? 수입의 90%쯤 헌금하며 그런 표정을 짓는다면 또 모르겠습니다. 그러나 정작 그런 사람은 스스로를 '무익한 종'(눅 17:10)으로 여기고 손사래를 치며 고개를 숙일 것입니다.

하나님은 모세의 결단을 왜 거절하셨을까요? 그 이유를 이해하는 키워드는 "그들이 깨닫지 못하였더라"(행 7:25)에 있습니다. 이것은 하나님이 아니라 모세 스스로의 판단입니다. '내가 너희들을 구원하려고 하는데, 바보 같은 너희들이 그것을 깨닫지 못하는구나' 라는 뜻입니다. '이제 나 모세가 모든 것을 버리고 너희들을 구원하러 출동한다. 내 정의의 칼을 받아라' 하는 비장한 마음으로 팔소매를 걷어붙인 모세는 급기야 살인을 저지르고 맙니다.

당시 왕자가 사람 하나 죽였다고 도망갈 필요는 없습니다. 그러나 그에게는 강력한 라이벌이 있었습니다. 이집트 파라오 투트모스 1세에게는 아들이 없었고, 모세는 무남독녀 공주의 양자였습니다. 그러므로 인척 가운데서 왕위 계승자를 선택해야 했는데, 그들에게 모세는 당연히 눈의 가시였고 제거 대상 1순위였을 것입니다. 마침 모세의 살해 사건은 그들에게 아주 좋은 빌미가 되었을 것입니다. "모세는 어쩔 수 없는 히브리인이다. 피는 못 속인다. 보라. 동족 노예를 위하여 우리 이집트인을 살해했다." 정말 벙어리가 될 수밖에 없는 논거입니다.

"바로가 이 일을 듣고 모세를 죽이고자 하여 찾는지라"(출 2:15). 그래서 모세는 미디안 광야로 도주합니다. 그렇게 기약 없이 누추하고 힘겨운 광야 생활이 시작됩니다.

미디안 광야, 시내 광야, 유대 광야는 금수강산 한반도에 사는 우리들의 상상을 초월하는 황량한 사막 지대입니다. 미디안 광야를 걸어본 적이 있는데, 당시 모세가 무엇을 느꼈을지 상상이 가고도 남았습니다.

미디안 광야로 도망친 모세는 한 우물가에서 미디안 제사장의 딸들을 만나고, 그들 중 십보라와 결혼하여 장인 이드로의 양을 돌보며 살아갑니다. 부러울 것 없던 왕자 신분에서 '겉보리 서 말만 있어도 안 한다는 처가살이' 신세가 된 모세의 심정은 얼마나 참담했을까요?

'게르솜.' 모세가 본 첫 아들의 이름입니다. '타국에서 객이 되다'라는 뜻입니다. 예전에 스스로를 '삼팔 따라지'라고 부르는 사람들이 많았습니다. 전쟁 중 북한에서 피난 온 사람들이 자신의 신세를 한탄하며 붙인 자조적인 별명입니다. 하지만 아무리 자신의 처지가 한심하고 답답해도 아들 이름을 그렇게 짓는 사람은 없습니다. 그런데 모세는 맏아들의 이름을 그렇게 지었습니다. '삼팔 따라지, 게르솜'은 모세의 답답하고 절망적인 심정을 단숨에 드러내는 이름입니다.

우리도 스스로를 '게르솜'이라 부르고 싶은 일을 종종 당합니다. 그런 일은 쉽게 끝나지도 않습니다. 그 암담한 상황을 뚫고 나갈 소망과 돌파구는 과연 어디에 있을까요?

성경은 다음과 같이 말합니다.

"이스라엘 자손은 고된 노동으로 말미암아 탄식하며 부르짖으니 그 고된 노동으로 말미암아 부르짖는 소리가 하나님께 상달된지라. 하나님이 그들의 고통 소리를 들으시고 하나님이 아브라함과 이삭과 야곱에게 세운 그의 언약을 기억하사 하나님이 이스라엘 자손을 돌보셨고 하나님이 그들을 기억하셨더라"(출 2:23-25).

이런 구절이야말로 세상에서는 볼 수 없는 귀한 말씀이자 하나님의 심층 보도입니다. 미디안 광야로 도피한 것은 모세에게는 참담한 몰락이었으나, 하나님께는 구원 계획이 심화되는 과정입니다. 그러나 그것을 알 리 없는 모세에게 남은 것은 속절없이 흐른 40년과 죽을 날만 기다리며 지팡이에 의지한 노쇠한 몸입니다.

모세는 여느 날과 마찬가지로 양떼를 몰고 들로 나갔습니다. 시내 광야는 황량한 곳이라 풀이 드물어서 풀을 찾아 몇 날 몇 달을 들에 머무는 일이 많았습니다. 그러다 당도한 곳이 시내 산입니다.

그런데 거기서 기괴한 광경을 목도합니다. 마른 떨기나무에 불이 일고 있었습니다. 그것은 광야에서 흔한 일입니다. 높이가 2, 3미터 정도 되는 나무들은 바싹 말라 있고, 뜨거운 태양과 강한 바람 때문에 마찰이 일어나 종종 불이 붙습니다. 모세가 떨기나무 앞을 그냥 지나치려는데 눈길을 확 끄는 게 있었습니다. 불이 붙었는데도 가지가 타지 않는 것입니다. "내가 돌이켜 가서 이 큰 광경을 보리라. 떨기나무가 어찌하여 타지 아니하는고"(출 3:3). 죽음만 기다리던 모세도 부쩍 호기심이 일지 않을 수 없었습니다.

당시 웬만한 것으로는 모세의 관심을 끌 수 없었습니다. 모세는 체념 그 자체였기 때문입니다. 그 어떤 것에도 무덤덤한 모세를 부르기 위해 하나님께서 깜짝 이벤트를 연출하셨습니다.

실로 오랜 만에 일어난 호기심에 이끌리어 모세가 그 나무에 가까이 가는데 느닷없이 "모세야, 모세야"라고 부르는 소리가 들립니다. 으악! 모세는 소스라치게 놀라며 대답합니다. "내가 여기 있나이다." 그러자 하나님의 음성이 들립니다. "이리로 가까이 오지 말라. 네가 선 곳은 거룩한 땅이니 네 발에서 신을 벗으라"(출 3:5). 모세는 엉겁결에 신을 벗고 땅에 엎드렸습니다. 생각해보십시오. 이 얼마나 놀라 자빠질 일입니까?

이어서 하나님이 말씀하십니다.

"나는 네 조상의 하나님이니 아브라함의 하나님, 이삭의 하나님, 야곱의 하나님이니라"(출 3:6).

그 음성을 듣고 모세는 또 한 번 놀랐습니다. "하나님이라니!"

모세는 하나님 뵙기가 너무나 두려워서 얼굴을 가렸습니다. 숨 죽이고 있는 모세에게 하나님은 말씀을 잇습니다.

"내가 애굽에 있는 내 백성의 고통을 분명히 보고… 이제 가라. 이스라엘 자손의 부르짖음이 내게 달하고 애굽 사람이 그들을 괴롭히는 학대도 내가 보았으니 이제 내가 너를 바로에게 보내어 너에게 내 백성 이스라엘 자손을 애굽에서 인도하여 내게 하리라"(출 3:7, 9-10).

그렇게 하나님은 모세를 찾아오셨습니다. 무섭게 작열하는 태양 아래 불붙은 떨기나무가 있습니다. 그 앞에 신발을 벗고 무릎 꿇고 엎드려 하나님의 음성을 듣고 있는 팔십 노인을 한번 상상해보십시오. 튼튼하던 근육은 다 없어지고, 준수하고 위풍당당하던 모습은 사라지고, 한낱 큰 지팡이에 몸을 의지하는 초라한 노인이 되어버린 모세.

"하나님, 왜 이제야 찾아오셨습니까? 팔팔하던 때, 의기충천하여 하나님의 일을 마음껏 해보고 싶었던 때에는 외면하더니 이제 기운도, 의욕도 사라진 지금 저를 찾으시면 어쩌자는 것입니까?"

모세는 떨리는 음성으로 아룁니다. "내가 누구이기에 바로에게 가며 이스라엘 자손을 애굽에서 인도하여 내리이까"(출 3:11). 한 마디로 "하나님, 너무 늦었어요"라는 뜻입니다. 우리도 살아가면서 너무 늦었다고 생각할 때가 있습니다. 그러나 하나님은 너무 늦었다고 생각하는 모세를 찾아오셨습니다.

하나님의 뜻과 때를 아는 것은 신앙생활의 본질이며 중심입니다. 첫째, 시간의 결정은 전적으로 하나님께 달려 있습니다. 우리가 아니라 하나님이 판단하고 결정하십니다. 둘째, 인간이 절망의 끝에 섰을 때가 바로 하나님의 때입니다. '내 힘으로는 아무것도 할 수 없다'라고 생각할 때가 바로 하나님의 때입니다.

"내가 누구이기에 바로에게 가며 이스라엘 자손을 애굽에서 인도하여 내리이까?" 자신의 무능함을 온몸으로 느끼고 있는 모세의 이 같은 반응은 너무나 당연했습니다.

그러나 하나님은 아랑곳하지 않고 이렇게 말씀하십니다.

"내가 반드시 너와 함께 있으리라 네가 그 백성을 애굽에서 인도하여 낸 후에 너희가 이 산에서 하나님을 섬기리니 이것이 내가 너를 보낸 증거니라"(출 3:12).

하나님은 모세에게 젊음을 주신 것이 아닙니다. 슈퍼맨 같은 초능력을 주신 것이 아닙니다. 돈과 군대를 주신 것이 아닙니다. 단지 '하나님의 함께하심'과 '예배'를 주셨습니다. 이 두 가지가 모든 무기력과 무능을 몰아내는 하나님의 해법입니다. 모든 문제를 풀어가는 하나님의 해결책입니다.

하나님은 모든 능력의 원천이십니다. 하나님의 능력이 온전히 발휘되기 위해서는 반드시 나의 능력이 물러나야 합니다. 우리의 공부나 훈련, 준비가 필요 없다는 말이 아닙니다. 반드시 필요합니다. 훈련과 준비는 많을수록 좋습니다. 그럼에도 내가 뒤로 물러나야만 합니다. 그렇지 않으면 하나님이 나와 함께하실 수도 없고, 나를 사용하실 수도 없습니다. 내가 물러설 때 비로소 하나님이 전면에 등장하여 나를 이끄십니다.

하나님은 모세를 하나님의 지도자로 세운 증거로 예배를 제시하십니다. 나아가 예배를 이스라엘 백성을 구원하신 증거로 내세우심을 주목해야 합니다.

사람들은 지도자라는 증거가 초자연적인 능력으로 나타나기를 요구합니다. 태어날 때 하늘에서 별이 떨어졌다든지, 태어나자마자 일곱 걸음을 걸어가서 하늘과 땅을 가리키며 무슨 말을 했다든지 하는 식입니다. 그러나 하나님은 사람이 아닙니다. 그러므로 하나님이 제시하시는 증거나 표적은 인간의 것과는 차원이 다릅니다.

예수님이 구원자임을 알리는 표적으로 냄새나는 구유를 내세우신 하나님입니다.

거룩한 곳이 따로 있는 게 아닙니다. 하나님이 살아 계심을 믿고 그분에게 절대 복종할 것을 서약하는 곳, 하나님의 통치를 인정하고 모든 것을 그분에게 맡기는 곳, 그곳은 어디든 거룩한 곳입니다. 하나님은 이미 온 세상에 임재하십니다. 태초부터 개입해오셨습니다. 그렇게 하나님은 모세를 부르셨고, 모세는 하나님을 만났습니다.

예수님은 이렇게 말씀하십니다.

"아버지께 참되게 예배하는 자들은 영과 진리로 예배할 때가 오나니 곧 이 때라. 아버지께서는 자기에게 이렇게 예배하는 자들을 찾으시느니라"(요 4:23).

예배는 영이신 하나님, 눈에 보이지 않는 하나님을 만나는 시간입니다. 그 하나님을 만나자 죽는 날만 기다리던 모세에게 위대한 인생이 시작됩니다. '모세니까 그럴 수 있었지'라고 생각하십니까? 현재의 내가 모세보단 훨씬 낫습니다. 최소한 여든 살은 아니니까요.

출애굽기 3:13-15 | **4강**

이름이
뭐가 중요하다고

기독교는 하나님이 스스로를 드러내심으로 시작된 종교입니다.
그 계시를 기록한 것이 성경이며,
수많은 계시의 중심에 '스스로 있는 자'라는 하나님의 이름,
곧 '야훼'가 있습니다.

출애굽기 4강

하나님의 이름을 물어보면 대부분 '여호와'라고 대답합니다. 어떤 사람은 '야훼'라고 대답합니다. 몇 년 전만 하더라도 '야훼'란 이름은 자유주의 신학자들이 붙인 것이므로 불경하다며 거부하는 사람들도 더러 있었습니다. 자, '여호와'와 '야훼' 중 어떤 이름이 더 정확할까요? 당연히 '야훼'입니다.

  왜 느닷없이 생소한 '야훼'라는 이름이 등장하여 우리를 혼란스럽게 만들까요?

  이것은 전적으로 히브리어의 특수성에서 비롯됩니다. 히브리어는 모음 없이 자음만으로 기록된 언어입니다. 그런 언어도 있나 하겠지만 사실입니다. 모음은 후대에 발음 기호 정도로 붙인 것입니다. 하나님의 이름을 의미하는 자음은 영어 알파벳으로 표기하면 *yhwh*로서, 읽으면 '이, 흐, 우, 흐' 정도 됩니다. 그런데 유대인들은 그것을 너무나 거룩한 이름으로 여겨 그냥 '아도나이*adonay*'라고 읽었습니다. '아도나이'는 '주님'이라는 뜻입니다. 그렇게 오랜 세월이 흘러서 하나님의 정확한 이름은 그 음가를 잃고 말았습니다. 그래서 *yhwh*의 자음에 '아도나이'의 모음을 합하여 '여호와*yehowah*'라고 부른 것이 오늘에 이르렀습니다.

그러다가 20세기에 들어와 고대 언어학, 성서 고고학 등의 학문이 발달하면서 '여호와'라는 음가가 정확한 것이 아님을 알게 되었고, 연구 끝에 '야훼*yahwe*'가 더 정확한 음가임을 밝혀냈습니다. 다른 민족들의 고대 문서에 히브리인의 신은 '야훼'라는 기록이 남아 있습니다. 히브리인들은 하나님의 이름을 너무나도 거룩하게 여겨 차마 입에 담지 못했지만 다른 민족들은 상관하지 않았기 때문입니다.

그렇다면 지금까지 거룩한 하나님의 이름을 잘못 불러온 것일까요? 그런 셈입니다. 하지만 걱정할 것은 없습니다. 중요한 것은 내가 부르는 하나님, 내가 믿고 사랑하는 하나님이 누구인가 하는 것이니까요.

모세는 묻습니다.

"이스라엘 자손에게 가서 이르기를 너희의 조상의 하나님이 나를 너희에게 보내셨다 하면 그들이 내게 묻기를 그의 이름이 무엇이냐 하리니 내가 무엇이라고 그들에게 말하리이까"(출 3:13).

하나님이 대답하십니다.

"나는 스스로 있는 자이니라.… 너는 이스라엘 자손에게 이같이 이르기를 스스로 있는 자가 나를 너희에게 보내셨다 하라"(출 3:14).

"I am who I am", 스스로 있는 자. 이것이 '야훼'라는 하나님의 이름에 담긴 뜻입니다. 하나님은 당신의 거룩한 이름을 모세에게 처음으로 밝히셨습니다. 아브라함과 이삭과 야곱과 요셉의 하나님, 조상의 하나님으로 알고 막연하게 섬겼던 분의 이름이 이 땅에 처음으로 드러난 순간입니다.

세상의 모든 것들은 상호 의존하며 존재합니다. 그중에 가장 의존성이 높은 피조물은 바로 인간입니다. 동물들은 태어나자마자 걷습니다. 단세포 생물들은 생성되는 순간 성체가 되어 또 다른 세포로 증식합니다. 반면 인간의 양육 기간은 가장 길어서 20년 정도나 됩니다. 그 나이가 지나도록, 아니 평생 철이 들지 않는 사람들도 상당히 많습니다. 그럼에도 불구하고 스스로 가장 잘 나고, 가장 독립적인 존재라고 생각하니 소도 웃을 일이 아닐 수 없습니다.

인간이 알고 있는 가장 큰 존재는 우주입니다. 끝이 없을 것 같은 우주도 그 끝이 있다고 합니다. 그 크기가 180억 광년 정도이고, 모양은 말안장처럼 생겼으며, 주기적으로 팽창과 축소를 반복한다고 합니다. 그런데 그 광대한 우주의 배후에 무엇이 존재할까요? 우주 역시 무엇인가에 의존하며 존재할 것입니다.

그러나 여호와 하나님은 그 어떤 존재에도 의존하지 않습니다. '스스로 계신 분', 바로 창조주입니다. 광대한 우주를 떠받치면서도 눈에 보이지 않는 원자나 원자보다 더 작은 존재까지 관장하십니다.

이름은 그 본질을 나타냅니다. '야훼'라는 이름은 하나님의 품격과 임재와 특성을 드러내고 있습니다.

하나님은 '야훼'라는 이름 외에도 별칭이 대단히 많습니다. 대표적인 것이 '엘'입니다. '하나님과 겨루었다'라는 의미의 이스라엘, '하나님은 도움이시다'라는 의미의 엘리에셀, '하나님의 집'이라는 의미의 벧엘 등에 나타나는 '엘'이 바로 하나님, 영어로 God을 뜻합니다.

한편 '엘로힘'이라는 명칭이 있는데, '가장 높으신 하나님'이란 뜻으로 신성의 모든 충만함이 한 분 하나님께 집중되어 있음을 의미하며 가장 흔하게 사용되었습니다.

하나님은 아브라함에게 나타나 "나는 전능한 하나님이라"고 스스로를 소개하셨는데, 여기에 쓰인 '엘 샤다이' 도 하나님의 중요한 명칭입니다. 아브라함이 멜기세덱을 만나 십일조를 드리며 '지극히 높으신 하나님' 이라고 말하는데, 그 명칭은 '엘 엘욘' 이었습니다. '엘 올람' (창 21:33)은 '영원하신 하나님' 을 의미합니다. 사라의 몸종 하갈이 광야로 쫓겨나 하나님께 부르짖을 때 부른 '엘 로이' 는 '감찰하시는 하나님' 이라는 의미입니다.

천하장사 삼손의 아버지 마노아가 하나님의 이름을 묻자 천사는 이렇게 말합니다. "어찌하여 내 이름을 묻느냐. 내 이름은 기묘자라"(삿 13:18). '기묘' 는 히브리어로 '필리 *pili*' 라고 하는데, 그 의미는 '기이하고 놀랍다' 입니다. 심오하고 놀라운 역사와 섭리를 이루시는 하나님의 초월적인 속성을 드러냅니다.

기독교는 '계시의 종교' 입니다. 어떤 종교적인 천재가 득도하거나 깨달음을 얻어서 창안한 게 아닙니다. 영이신 하나님, 눈에 보이지 않는 하나님이 스스로를 드러내심으로 시작된 종교입니다. 그 계시들을 기록한 것이 성경이며, 수많은 계시의 중심에 '스스로 있는 자' 라는 하나님의 이름, 곧 '야훼' 가 있습니다.

계시는 환상이나 꿈처럼 저급한 것이 결코 아닙니다. 계시란 영어로 reveal인데, 그것은 uncover, 곧 덮여 있는 것을 벗겨내는 것을 말합니다. 영원한 신비, 한계가 있고 상대적인 인간의 능력으로는 가늠조차 할 수 없는 하나님의 신비를 하나님이 스스로 드러내 주셨습니다.

구약에서 가장 중요한 계시는 바로 하나님의 이름을 드러낸 사건이고, 신약에서는 육신을 입고 이 땅에 오신 하나님 자신, 곧 예수님 자체가 중요한 계시입니다. 단순한 소리와 의미로 계시된 하나님이, 우리의 타락한 눈으로도 볼 수 있도록 육신을 입고 우리 앞에 나타나신 것입니다. 예수 그리스도는 계시의 중심 중의 중심이며 최고봉입니다.

"그의 이름을 불러주었을 때 그는 나에게로 와서 꽃이 되었다"라고 한 시인은 노래했습니다. 이름을 부르는 것은 단순한 행위가 아닙니다. 여호와의 이름을 부르는 것은 하나님과 인격적인 관계, 사랑의 관계로 들어감을 의미합니다.

"내 이름으로 불려지는 모든 자 곧 내가 내 영광을 위하여 창조한 자를 오게 하라. 그를 내가 지었고 그를 내가 만들었느니라"(사 43:7).

"한 사람은 이르기를 나는 여호와께 속하였다 할 것이며 또 한 사람은 야곱의 이름으로 자기를 부를 것이며 또 다른 사람은 자기가 여호와께 속하였음을 그의 손으로 기록하고 이스라엘의 이름으로 존귀히 여김을 받으리라"(사 44:5).

'하나님의 이름을 부르는 자'와 '하나님께 속한 자'를 동일시하고 있습니다.

초대교회 교인들을 "이 이름(예수님의 이름)을 부르는 사람"(행 9:21)이라고 불렀습니다. 아직 성도들을 부르는 공식 명칭이 없었을 때의 일입니다. 바나바와 사도 바울은 안디옥에서 열심히 전도하고 가르치는 일을 했습니다.

"둘이 교회에 일 년간 모여 있어 큰 무리를 가르쳤고 제자들이 안디옥에서 비로소 '그리스도인'이라 일컬음을 받게 되었더라"(행 11:26).

'그리스도인'은 '그리스도께 속한 사람'이라는 뜻입니다. 예수의 이름을 부르는 사람이 곧 예수 그리스도께 속한 사람이라는 것입니다. 이것이 초대교회 교인들의 공식 명칭이 되었습니다.

하나님과 예수 그리스도의 이름을 부른다는 것은 예사로운 일이 아닙니다. 내가 하나님과 예수님께 속했고 그분의 사랑 받는 자녀가 되었다는 뜻입니다.

조익표 목사님은 예전에 S대 건축과를 졸업했고 한 건설회사의 유능한 직원이었습니다. 그는 나이 들어 아내 손에 끌려 억지로 교회를 다니기 시작했습니다. 그러던 어느 날 난생 처음 기도라는 것을 해봐야겠다는 생각이 막연하게 들었습니다. 그래서 벽을 보고 무릎을 꿇었습니다. 별다른 생각은 없었고 전혀 진지하지도 않았습니다. 그렇게 한참을 앉아 있다가 일단 하나님의 이름을 부르기로 했습니다.

"여호와 하나님."

자신의 입으로 처음 불러본 이름이었습니다. 그동안 교회에 나가기는 했지만 다른 사람들이 부르는 소리만 들었을 뿐입니다. 그런데 그는 다음 말을 이을 수 없었습니다. 할 말도 없었습니다. 그저 그 이름만 되뇌었습니다. 그러다 자신도 모르게 점점 목이 메어 오더니 마침내 통곡하고 말았습니다. 그렇게 그는 하나님께 속한 사람, 하나님의 자녀가 되었습니다. 그리고 모든 것을 접고 신학교에 들어가 목사가 되었습니다.

많은 사람들이 귀한 하나님의 이름을 아무런 감흥이나 감격, 간절함 없이 부릅니다. 그 이름을 오용하고 남용합니다.

십계명 중 세 번째 계명은 "너는 네 하나님 여호와의 이름을 망령되게 부르지 말라. 여호와는 그의 이름을 망령되게 부르는 자를 죄 없다 하지 아니하리라"(출 20:7)입니다. 망령되다는 것은 히브리어로 '솨웨*shaw*'인데, 그 원래의 뜻은 '헛되다, 거짓되다, 허탄하다'입니다. 하나님의 이름을 가치 없고 거짓된 일에 사용해서는 절대 안 된다는 뜻입니다.

하나님의 이름은 하나님의 능력 자체입니다. 그러므로 이기적인 목적을 이루려고 주술적인 방법을 써서 하나님의 능력을 조작하는 것은 곧 하나님의 이름을 남용하는 일입니다. 그것은 우상숭배와 전혀 다를 바 없습니다.

주님이 친히 가르치신 주기도문은 하나님의 이름에 대한 기원으로 시작됩니다.

"이름이 거룩히 여김을 받으시오며."

우리가 하나님의 이름을 거룩하게 한다는 뜻입니다. 동시에 하나님이 스스로 당신의 이름을 거룩하게 하신다는 뜻입니다. 헬라어 원문은 두 가지 의미를 모두 포함하고 있습니다.

신앙생활의 본질은 하나님의 이름을 더럽히지 않는 데 있습니다. 하나님의 이름을 높이며 거룩하게 하는 것입니다.

우리는 시도 때도 없이 하나님의 이름을 더럽힙니다. 고의로 더럽힌 사람들은 징계와 심판으로, 모르고 더럽힌 사람들은 오래 참음과 기다림으로, 회개하고 돌아온 사람들은 용서와 격려로, 하나님의 이름을 높이는 사람들은 영화롭게 함으로 하나님은 더럽혀진 당신의 이름을 스스로 거룩하게 하십니다.

"세상 중에서 내게 주신 사람들에게 내가 아버지의 이름을 나타내었나이다. 그들은 아버지의 것이었는데 내게 주셨으며 그들은 아버지의 말씀을 지키었나이다"(요 17:6).

"내가 아버지의 이름을 그들에게 알게 하였고 또 알게 하리니 이는 나를 사랑하신 사랑이 그들 안에 있고 나도 그들 안에 있게 하려 함이니이다"(요 17:26).

예수님은 당신의 전 생애와 사역을 한마디로 '하나님의 이름을 나타내는 것'이라고 말씀하십니다.

거리에서 재주를 부리고 행인들이 던져주는 돈으로 연명하던 한 어릿광대가 있었습니다. 그에게 소원이 하나 있었습니다. 예수님을 사랑하며 그분의 이름을 높이며 사는 것입니다. 어떻게 하면 그렇게 살 수 있을까 골몰하다가 그는 나름대로 좋은 생각이 떠올랐습니다. 그래서 수도원을 찾아가서 궂은일을 자청했습니다. "이곳에서 살게만 해주시면 무슨 일이든지 하겠습니다."

그는 그곳에서 수도사들의 시중을 들면서 살았습니다. 밥하고 빨래하고 나무하고 불 때고 청소하고 수도사들의 멸시와 천대도 기쁜 마음으로 참아냈습니다. 매일 고된 하루였지만 주님을 위하여 산다고 생각하니 몹시 기뻤습니다. 어릿광대는 하루 일이 끝나고 모두들 잠자리에 들면 몰래 예배당에 들어갔습니다. 그러고는 십자가에 달리신 예수님 상 앞에서 재주를 부렸습니다. 그런 후 인사를 하고 돌아와 잠자리에 들었습니다.

얼마 지나지 않아서 어릿광대에 대한 나쁜 소문이 돌았습니다. 천박한 그가 재주를 부리며 수도원을 더럽힌다는 것이었습니다. 수도원장과 수도사들은 날을 잡아 현장에서 어릿광대를 붙잡기로 했습니다. 그날도 어릿광대는 밤늦은 시간에 예수님 상 앞에서 땀을 뻘뻘 흘리며 열심히 온갖 재주를 부렸습니다. 수도사들은 문틈으로 그 광경을 지켜보면서 뛰어들 기회를 엿보고 있었습니다.

어릿광대는 재주를 다 끝내고 거친 숨을 몰아쉬며 이렇게 말했습니다. "예수님, 좋으셨어요? 다음번에는 더 재미있게 해드릴게요." 그러자 놀라운 일이 일어났습니다. 십자가에 달려 있던 예수님이 내려오신 것입니다. 예수님은 비 오듯 흐르는 어릿광대의 땀을 닦아주며 이렇게 말씀하셨습니다. "그래, 내 아들아! 정말 재미있었다. 이 세상에서 가장 귀한 선물을 받았구나. 덕분에 매일 밤 얼마나 기쁜지 모른단다."

사람들은 무언가를 얻기 위하여 자신을 드러내지만 스스로 계신 하나님은 오로지 우리를 구원하기 위해 자신을 드러내십니다.

'야훼', 그 이름은 구원으로 들어가는 첫 문입니다. 그 이름을 부를 때 그분과의 관계가 시작되고, 그분의 손에 붙들리면서 전혀 새로운 차원의 삶이 시작됩니다.

당신의 이름을 우리에게 주신 하나님을 찬양합니다.

5강 | 출애굽기 5:1-2

Exodus

네 모습을 좀 보거라

신앙생활을 점수 매기고
외형적 성장을 교회의 목표로 삼는 것은,
끝없는 수고와 책망을 강요하는 파라오 앞에서의 삶입니다.
결코 부활과 영원한 평안이 있는 하나님 앞에서의 삶이 아닙니다.

애굽기 5강

아주 인상 깊은 그림을 한 장 보았습니다.

추운 겨울 저녁, 눈발이 휘몰아치는 가운데 사람들이 옷깃을 세우고 어깨를 움츠린 채 앞만 보고 어디론가 바쁘게 가고 있습니다. 그 사람들이 지나는 길은 죽은 자들이 묻힌 도심지의 공원묘지 앞입니다. 그림의 제목은 '어디를 그리 바삐 가십니까?' 였습니다.

아무리 할 일이 많고 그 일을 위해 바삐 간다고 해도 끝내는 무덤을 향하여 가는 것이 아니냐는 물음입니다.

덧없이 흐르는 시간 앞에서 괴로워하는 세 종류의 사람이 있습니다.

첫 번째, 밤낮 없이 뛰어도 할 일이 여전히 산더미 같아서 괴로운 사람입니다.

　두 번째, 할 일이 없어 노는 사람입니다. 이런 사람의 마음도 편치는 않습니다. 세월이 흘러가는 대로 살다보니 뭐 하나 이루어놓은 게 없습니다. 짐짓 괜찮은 척 스스로 위로해보지만 마음 한 구석에서는 "책임을 다하지 못했다"라고 정죄하는 아우성이 들려옵니다. 그래서 괴롭습니다.

　그런데 이들보다 더 힘들어하는 사람이 있습니다. 교회에서 어렵지 않게 볼 수 있습니다. 세 번째, 교회생활 때문에 사는 것이 더욱 바쁘고 힘든 사람들입니다. 주일학교 교사, 성가대, 구역장, 식당 봉사, 제직 등 맡은 일이 엄청 많습니다. 게다가 성경 읽으랴, 기도하랴, 예배 참석하랴, 빡빡한 살림에 십일조와 각종 헌금하랴 보통 부담이 아닙니다. 전도하지 못한 찜찜함까지 겹쳐 마음은 더욱 무겁습니다.

　그런데 목사님들은 높은 강단에서 이렇게 외칩니다. "참고 이겨내야 합니다. 더욱 열심을 내십시오. 더욱 열심히 전도하고 봉사하고 기도하면 하나님이 복 주시고 형통케 하십니다." 그 소리에 마지막 남은 힘을 다해 교회에 충성합니다. 그러다가 어려운 일이 닥치면 더럭 겁이 납니다. 게으름을 피워서 하나님께 벌을 받는 것만 같습니다. 그래서 가족과 사업을 위해 피곤한 몸을 이끌고 교회에 나와 억지로라도 봉사를 합니다. 그러니 신앙생활이 오히려 고역입니다.

사는 게 과연 이런 것일까요?
신앙생활이 과연 이런 것일까요?
가더라도 어디로 가는지는 알아야 합니다.

현재 이스라엘 백성은 파라오 앞에 있습니다. 그의 노예로 살아갑니다. 파라오 앞에서의 삶이 어떤 것인지 한번 살펴볼 필요가 있습니다.

파라오는 이스라엘 사람들에게 "성읍과 탑을 건설하여 그 탑 꼭대기를 하늘에 닿게 하여 우리 이름을 내고 온 지면에 흩어짐을 면하자"(창 11:4)는 식으로 말하며 '바벨탑'을 쌓게 합니다. "높고 튼튼하게 쌓아라. 높고 튼튼할수록 좋다. 거기에 너희의 이름이 기록될 것이다. 그리하면 너희는 흩어지지 않고 영원한 존재가 될 것이다."

그런데 과연 성과 대를 굳건히 높게 쌓는다고 사람들이 흩어지지 않을까요? 또한 그것이 내 것이 될까요? 아닙니다. 그것은 한마디로 '헛된 영광'입니다. 그 헛된 영광에 현혹될 때 우리는 악한 영의 수하가 되어 끝없이 생명을 소모할 뿐입니다.

몇 년 전에 구리에서 아내를 일찍 여의고 홀로 남매를 키우던 한 남자가 스스로 목숨을 끊었습니다. 월수입 300만 원으로는 남매의 과외비를 댈 수 없었기 때문이랍니다. 딸은 피아니스트로, 아들은 야구 선수로 만들어서 엄마 없는 남매를 보란 듯이 키우고 싶었습니다. 그래서 무리하게 레슨을 시키다가 그만 생활고에 지쳐서 남매를 남기고 간 것입니다.

그는 과연 누구의 영광을 위하여 살았고, 또 무엇을 위해 죽었습니까? 누가 딸은 피아니스트로, 아들은 야구선수로 키우라고 했습니까? 이 세상엔 자살까진 가지 않더라도 이 남자처럼 사는 사람들이 얼마나 많을까요? 사교육비가 20조 원을 넘었다지만 실제로는 더 많다고 합니다. 과외 수업을 받지 않으면 자녀들이 망한다고 누가 말한 것입니까?

파라오 앞에서의 삶은 첫째, 가짜 영광을 위한 헛된 삶입니다. 과외가 중요하지 않다는 말이 아닙니다. 더 중요한 것이 있다는 말입니다. 가더라도 방향은 보고 가자는 말입니다. 애써 이룩한 가짜 영광은 언제나 파괴의 영인 사탄에게 돌아갑니다.

둘째, 파라오는 언제나 눈에 보이는 목표를 제시합니다. 하루에 벽돌 백 장을 만들라는 것입니다. 또한 그 목표에 따라 합격과 불합격의 냉정한 기준을 적용합니다. '30대에 10억 만들기.' 자신이 세운 목표를 냉정하게 점검해보아야 합니다. 그것은 혹시 '벽돌 만들기' 같은 것은 아닙니까?

셋째, 파라오는 언제나 책망하고 질타합니다. 그는 예배드리러 가겠다는 모세와 이스라엘 백성에게 이렇게 말합니다. "너희가 게으르다, 게으르다. 그러므로 너희가 이르기를 우리가 가서 여호와께 제사를 드리자 하는도다"(출 5:17).

어디서 많이 듣던 말, 아니 하던 말 아닙니까? "공부해야지 무슨 교회야!?" "돈 벌어야지 무슨 예배야?!" 세상 사람들뿐만 아니라 교회 다니는 사람들도 그런 말을 많이 합니다.

파라오 앞에서 살면 언제나 '게으르다' 는 책망을 듣습니다. 가정에서, 학교에서, 직장에서 게으르다는 소리를 듣습니다. 억울하지 않습니까? 얼마나 바쁘게 살고 있는데…. 그런데도 어디선가 게으르다고 책망하는 소리가 꼭 들려옵니다. 세탁기, 전화기, 자동차 등 삶을 편리하게 해주는 가전 제품들이 가득한데도 사는 게 점점 바쁘고 여유가 없어지는 이유가 무엇일까요? 혹시 눈에 보이지 않는 악의 세력이 우리 모두를 어디론가 몰아가고 있는 것은 아닐까요?

교회 안에 있다고 해서 게으르다는 책망을 듣지 않는 게 아닙니다. 오히려 더 많이 듣습니다. 세상에서 이런 소리를 들으면 잠시 기분 나쁠 뿐이지만 교회에서는 좀 심각해집니다. 그 소리가 하나님의 명령처럼 들리기 때문입니다.

전도는 몇 명, 기도는 몇 시간, 성경 읽기는 몇 장, 교인 수 배가 운동 등 월급도 안 나오는 일들을 하면서도 이상하게 교회만 가면 주눅이 들고 하나님을 향한 죄책감은 가중됩니다. 문득 이런 생각도 듭니다. '예수님은 양으로 생명을 얻고 그 생명을 더욱 풍성하게 하기 위해 오셨다는데 나는 왜 점점 기쁨과 생기를 잃어가는 걸까? 전도와 봉사와 헌금을 등한히 해서 벌을 받는 걸까?'

물론 열심히 전도해야 합니다. 온 힘을 다하여 기도하고 성경 읽고 봉사해야 합니다. 그것은 매우 중요하고 반드시 해야 할 일입니다. 그러나 신앙생활을 실적으로 점수 매기고, 외형적인 성장을 교회의 목표로 삼아 성도들이 그 목표에 휘둘리는 것은 본질에서 벗어난 일입니다.

하나님이 원하시는 것은 무엇일까요? 하나님은 본질을 원하십니다. 지금 파라오가 이스라엘 백성에게 강요하고 있는 것은 무엇입니까? 파라오 앞에서 사람은 어떤 존재입니까?

파라오 앞에서의 삶은 헛된 영광을 추구하다 빠져드는 자멸, 목표 달성을 위한 끝없는 수고, 목표 미달에 따르는 죄책감과 정죄로 특징지을 수 있습니다. 교회생활은 곧 하나님 앞에서의 삶입니다.

그런데 실적에 따라 점수 매기고 외형적인 성장을 교회의 최대 목표로 삼는다면, 파라오가 하나님으로 바뀌었을 뿐 그 삶이 파라오 앞에서 사는 것과 다를 게 없습니다. 여전히 목표 달성을 위한 끝없는 수고와 책망에서 오는 죄책감이 있습니다. 본질에서 벗어난 것이지요. 그렇게 비본질적인 일에 휘둘리는 교인들은 세상에서 가장 바쁘면서 불쌍한 사람이 되고 맙니다. 다행히 그 와중에 하나님의 자비와 은혜로 하나님을 만날 수도 있지만, 그런 사람들은 그리 많지 않습니다.

예수님은 말씀하십니다. "좁은 문으로 들어가기를 힘쓰라. 내가 너희에게 이르노니 들어가기를 구하여도 못하는 자가 많으리라"(눅 13:24).

사람들은 기독교와 교회를 좁은 문이라 생각하고 자신이 이미 그 문으로 들어갔다고 생각합니다. 그러나 오늘날 기독교는 인류 최대의 종교이며, 대한민국에서 교회는 커피숍보다 흔하고 많습니다. 기독교와 교회는 결코 좁은 문이 아니라 세상에서 가장 넓은 문입니다. 교회에 다니는 것이 곧 좁은 문에 들어선 것을 의미한다면, 이미 세상은 하나님이 원하시는 모습으로 바뀌어 있어야 합니다. 그런데 현실은 그렇지 않습니다. 그렇다면 예수님이 말씀하시는 좁은 문은 분명 다른 의미일 것입니다.

예수님은 세상 사람들이 아닌 당신을 따르는 이들에게 이 말씀을 하셨습니다. 사실 세상 사람들에게 하신 말씀이라고 해도 달리 할 말은 없습니다. 당시 이스라엘은 유일하게 여호와 하나님을 믿는 백성들이며, 그중에 가장 잘 믿는다고 자처하던 사람들이 바리새인들이었으니까요. 그들은 가장 열심히 "주여, 주여" 하던 사람들이었습니다. 하나님을 믿으니 모두 좁은 문에 들어온 것이라면 굳이 예수님이 수고스럽게 이 땅에 오실 필요가 없었고, 바리새인들은 예수님을 십자가에 매달지도 않았을 것입니다. 이것은 정말 심각하게 생각해봐야 할 문제입니다.

하나님이 원하시는 것과 좁은 문으로 들어가는 것은 동일한 일입니다. 그것이 본질입니다. 그 '본질'을 배우고 깨닫고 사는 것이 신앙생활의 '본질'입니다.

자, 예수님이 말씀하시는 좁은 문을 찾으러 출발해봅시다.

모세는 파라오에게 이렇게 말합니다.

"이스라엘의 하나님 여호와께서 이렇게 말씀하시기를 내 백성을 보내라. 그러면 그들이 광야에서 내 앞에 절기를 지킬 것이니라 하셨나이다"(출 5:1).

할 일이 태산 같은데 느닷없이 절기를 지키게 하시겠다는 것입니다. 모세는 지금 하나님이 지시하시는 대로 말하고 있고, 하나님은 쓸데없는 말은 절대로 하지 않으시는 분입니다. 그러므로 절기를 지키는 것은 분명 중요한 일일 것입니다. 하나님 앞에서 절기를 지킨다는 것은 과연 무엇을 의미할까요?

절기는 민족마다 문화마다 모두 있습니다. 설날과 추석을 생각해보십시오. 이 절기들은 모두 자연의 순환과 인간의 경험에 따라 정해진 날들입니다. 모두 생존 및 의식주와 깊은 관련이 있습니다. 그러나 하나님의 절기는 차원이 전혀 다릅니다.

이스라엘의 3대 절기는 유월절, 칠칠절, 장막절입니다. 외울 것까지는 없지만 이 절기들이 왜 생겼는지는 알아야 합니다. 이 절기들은 모두 이스라엘 백성이 하나님의 구원 사건을 경험한 데서 비롯되었습니다.

하나님 앞에서 절기를 지킨다는 것은, 하나님과 동행하며 하나님의 구원을 체험하고 그 구원의 의미를 삶 속에서 새롭게 새겨 언제나 하나님의 임재를 경험하는 일입니다. 절기의 핵심은 하나님과의 내적 관계를 강화하고 깊게 하는 데 있습니다. 쉽게 말해, 하나님의 사랑을 깨닫고 나도 하나님을 사랑하게 되는 것입니다. "사랑에는 2등이 없다"고 했습니다. 사랑은 언제나 양자택일입니다. 가장 마음에 드는 것을 택하게 마련인데, 언제나 하나님을 가장 먼저 택하도록 절기를 통해서 훈련하는 것입니다.

    설날과 추석이 되면 온 나라가 주차장이 되어버립니다. 고향에 가기 위해 열 몇 시간을 길에서 보냅니다. 추석은 무엇보다도 고향의 부모님이 우선되는 날이기 때문입니다. 하물며 하나님의 절기를 지키는 것은 이보다 더 중요시 되어야 하지 않을까요?

    최초의 살인자 가인의 삶을 성경은 단 한 줄로 기록하고 있습니다. "가인이 여호와 앞을 떠나서 에덴 동쪽 놋 땅에 거주하더니" (창 4:16).

    가인은 하나님 앞을 떠났습니다. 그가 정착한 땅은 에덴 동편에 있는 놋이었습니다. 놋은 단순한 지명이 아니라 '방황하다, 유리하다' 라는 뜻입니다. 하나님 앞을 떠난 삶은 곧 사탄 앞으로 가는 삶이며, 그 삶은 방황과 유리로 흐르다가 파멸로 마무리됩니다.

    가인의 후예들은 누구보다도 열심히 살았습니다. 그 후예들로부터 육축 치는 자의 조상 야발이 나왔고, 수금과 통소를 잡는 조상 유발이 나왔고, 동철로 각양 날카로운 기계를 만드는 조상 두발가인이 나왔습니다(창 4:16-24).

    가인과 아벨을 결정하는 기준은 얼마나 열심히 살았고, 얼마나 많은 업적을 남겼느냐가 아닙니다. 그가 누구 앞에 있느냐로 결정됩니다. 그러므로 아무리 바쁘게 살아도 '하나님을 인식함' 과 '하나님과 동행함' 이라는 두 이정표를 언제나 확인해야 합니다.

　시간에는 크로노스와 카이로스, 두 종류의 시간이 있습니다.
　크로노스의 시간은 덧없이 기계적으로 흘러가는 '무의미의 시간' 입니다. 하룻밤 자면 다음날이 오고, 가을이 가면 겨울이 오는 식입니다. 아무리 열심히 살아도 그 시간은 흘러가고 그 속에서 사람들은 초조하고 허무해질 수밖에 없습니다. 사탄은 사람들이 하나님을 보지 못하고 크로노스의 시간만 살다가 죽게 만듭니다.
　반면에 카이로스의 시간은 하나님의 목적과 사랑이 담긴 '유의미有意味의 시간' 입니다. 하나님과 동행하는 시간입니다. 죽음 너머로 연결된 영원한 시간이라는 점이 가장 큰 특징입니다. 예수 그리스도는 십자가에서 죽고 부활하여 카이로스의 시간을 확증해주셨습니다. 그러므로 카이로스의 시간은 부활의 시간이요, 영원한 샬롬의 시간입니다.
　파라오 앞을 떠나 하나님 앞에서 산다는 것은, 크로노스의 시간에서 벗어나 카이로스의 시간 속에서 산다는 것입니다. 모세는 이스라엘 백성들이 하나님 앞에서 카이로스의 시간을 살도록 하기 위해 막강한 이집트 파라오 앞에 섰습니다.
　그런데 파라오는 이렇게 명령합니다.

"너희는 백성에게 다시는 벽돌에 쓸 짚을 전과 같이 주지 말고 그들이 가서 스스로 짚을 줍게 하라. 또 그들이 전에 만든 벽돌 수 효대로 그들에게 만들게 하고 감하지 말라. 그들이 게으르므로 소리 질러 이르기를 우리가 가서 우리 하나님께 제사를 드리자 하나니 그 사람들의 노동을 무겁게 함으로 수고롭게 하여 그들로 거짓말을 듣지 않게 하라"(출 5:7-9).

파라오는 하나님 앞에서 사는 것을 게으른 삶으로 여깁니다. 영원한 샬롬의 시간, 카이로스의 삶을 거짓말로 단정합니다. 하나님의 말씀을 거짓말이라고 생각합니다.

성경은 이집트의 파라오를 사탄의 세력으로 봅니다. 하나님의 말씀이 거짓이든, 아니면 사탄의 말이 거짓이든 둘 중 하나입니다. 여호와의 앞, 아니면 사탄의 앞입니다. 중간지대는 결코 없습니다. 우리는 지금 하나님, 아니면 사탄을 향하여 가고 있습니다. 이집트 파라오는 이스라엘 백성들이 하나님 앞에 가는 것을 막기 위해서 온갖 방해 공작을 감행합니다. 중간지대가 없다는 증거입니다.

"예술을 우상과 왕으로 섬기게 만든 이 미친 열정으로부터 예술이 짊어진 무거운 오류를 배웠다. 사람의 욕구에서 비롯된 무서운 불행이다. 세상의 부질없는 짓에 몰두하느라 하나님을 묵상하라고 받은 시간을 허비하고 말았다."

천재요 세계적인 예술가 미켈란젤로가 남긴 말입니다. 그는 〈천지창조〉와 〈최후의 심판〉을 그렸고, 그의 그림은 대부분 하나님과 성경에 관한 것이었습니다. 그럼에도 그는 세상의 부질없는 짓에 몰두했다고 고백합니다. 미켈란젤로가 그렇다면 우리 역시 대부분의 시간을 부질없는 짓에 몰두하고 있는 것입니다.

내 발걸음은 지금 어디를 향하고 있을까요?

나는 지금 어떤 시간을 살고 있을까요?

2

The Story of Heaven

여호와인 줄
알리라

네게 내가 애굽에서 행한 일들 곧 내가 그들 가운데에서 행한 표징을
네 아들과 네 자손의 귀에 전하기 위함이라.
너희는 내가 여호와인 줄을 알리라(출 10:2).

6강 | 출애굽기 7:17-18

피로 물든
나일 강

예수가 부처보다 힘이 세기 때문에 예수를 믿는다?
이것은 초보 중의 초보 신관입니다.
이집트에 내린 재앙들은 다른 신과의 힘겨루기가 아니라
하나님의 뜻을 만방에 알리는 거룩한 선포였습니다.

애굽기 6강

출

'관상觀相 성형 수술'이라고 들어보셨습니까? 얼굴의 흉점을 없애고 복점을 심는가 하면, 나쁘다는 손금을 수술해서 운이 형통하는 손금으로 만들어준다고 합니다. 그런 부탁을 하는 사람들도 불쌍하지만, 어렵다는 의대 공부를 마치고 그런 수술이나 하고 있는 의사들도 참 딱합니다.

　세상이 살기 어렵다보니 생기는 일이라고 치부하기에는 문제가 심각합니다. 한창 꿈꾸며 신나게 미래를 준비해야 할 청년들이 비본질적인 것에 휘둘리는 모습이 안타깝기 그지없습니다. 관상쟁이들조차 '관상'보다는 '심상'이 중요하다고 말합니다. 마음가짐이 가장 중요하다는 것입니다.

입시철만 되면 전국 각처에서 사람들이 몰려드는 곳이 있습니다. 경북 경산에 있는 '갓바위 부처'입니다. 이상하게 생긴 바위를 손 좀 봐서 부처 형상으로 만든 것입니다. 갓바위 부처에는 평생에 한 번은 꼭 소원을 들어준다는 전설이 있습니다. 그래서 수많은 인파들이 먼 길을 마다하지 않고 소원을 안고 와서 그 앞에서 치성을 드립니다. 그들 중 소원이 이루어진 사람들도 대단히 많다고 합니다. 그들은 갓바위 부처의 영험 덕이었다고 믿고 주위 사람들에게 입소문을 낼 것입니다.

그런데 많은 교인들도 알게 모르게 이런 미신에 사로잡혀 있다는 게 심각한 문제입니다. 하나님의 이름으로 버젓이 미래를 점쳐주는 소위 '기도하는 사람들'이 교회에 침투해 있습니다. 한 장로님은 저를 만날 때마다, 용하게 기도하는 사람이 있으니 만나보라고 권유합니다. 그 표정에는 주저함이 없습니다.

그 정도로 미신이 교회 내에 만연해 있으니 정말 통탄할 일입니다. 그런 사람을 만나 하나님의 일을 어떻게 하면 잘할 수 있는지, 어떻게 하면 유순한 성격이 될 수 있는지 묻게 되지 않습니다. 그들에게 묻는 내용들이 모두 미아리 점쟁이에게 묻는 것과 별반 다르지 않습니다. 이들을 '십자가를 앞세운 점쟁이들'이라고 해도 결코 틀린 말이 아닙니다. 이런 류의 일들은 언제나 기독교의 타락

내지는 변절과 비례합니다.

  미신이 만연하는 이유는 단 하나입니다. 자신보다 강력한 힘을 움직여서 액운을 면하고 번영을 추구하려는 것입니다. 그래서 사람들은 자신보다 강하다고 생각되는 것을 모두 신으로 섬깁니다. 일본에는 800만 개의 잡신이 있고, 힌두교에는 3억 개의 신이 있다는데, 지금도 계속 새로운 신이 만들어지고 있습니다. 기차 신, 자동차 신은 기본이고, 컴퓨터 신과 휴대폰 신도 있습니다. 인간이 무언가를 만들면 자동으로 그에 따른 신이 생깁니다.

  그 결과 어떻게 됩니까? 그것으로 자신의 운명을 통제하는 게 아니라 오히려 통제 당합니다. 죽은 영이나 집터, 조상 묏자리, 괴상하게 생긴 바위나 나무, 반복되는 날짜, 손금, 얼굴의 점, 하다못해 수억 광년 떨어진 별자리 등 별의별 것에 다 통제 당합니다. 또한 점쟁이나 무당들에게 귀한 시간과 생명을 통제 당합니다.

  노예 이스라엘 백성들을 붙잡아두려는 이집트와 통치자 파라오에게 열 가지 재앙이 내립니다. 나일 강이 피로 변하는 재앙, 개구리가 온 땅을 뒤덮는 재앙, 이가 들끓는 재앙, 파리가 온 천지에 가득한 재앙, 악질과 독종의 재앙, 우박의 재앙, 메뚜기 재앙에 이은 흑암의 재앙, 마지막으로 각 집안의 맏아들이 죽는 재앙 등입니다.

하나님이 이러한 재앙들을 내리시는 데는 분명한 목적이 있습니다. 그 목적을 하나님이 스스로 밝히십니다.

"내가 내 손을 애굽 위에 펴서 이스라엘 자손을 그 땅에서 인도하여 낼 때에야 애굽 사람이 나를 여호와인 줄 알리라"(출 7:5).

한마디로 세상 사람들에게 하나님을 알리기 위해서입니다. 축구 경기를 봐도 관전 포인트라는 것이 있습니다. 하나님과 이집트의 경기에도 당연히 관전 포인트가 있습니다. 그 포인트는 다음과 같습니다.

첫째, 하나님은 무엇으로 재앙을 일으키시는가?

둘째, 하나님은 왜 그렇게 하시는가?

셋째, 이에 이집트 파라오는 어떻게 반응하는가?

이 세 가지 관전 포인트를 파악하면 하나님의 의도와 출애굽의 진의를 저절로 알게 됩니다. 이제 구약 역사에서 가장 중요한 경기가 열리는 경기장으로 들어가 봅시다.

드디어 모세는 이집트 파라오 앞에 등장하여 하나님의 뜻을 전합니다. 그러자 파라오가 이적을 보이라고 말합니다. 그 말에 모세는 들고 있던 지팡이를 던졌습니다. 그러자 지팡이가 뱀으로 변했습니다. 파라오는 놀랄 법도 한데 눈 하나 깜짝하지 않고 자기 측의 현인들과 마술사들을 불렀습니다. 그들도 모세처럼 지팡이를 모두 뱀으로 변신시켰습니다. 그때 깜짝 놀랄 일이 일어났습니다. 모세의 뱀이 그들의 뱀들을 모두 삼켜버린 것입니다. 그러나 파라오는 별로 동요치 않았습니다. 그럴 수 있다고, 그 정도는 누구나 할 수 있다고 치부했습니다.

이것은 그저 시작에 지나지 않습니다. 이제 본격적인 게임에 들어갑니다. 본 게임의 무대는 나일 강입니다.

다음날 파라오가 나일 강으로 나왔습니다. 뱃놀이를 하기 위해서가 아니라 나일 강의 수호신 '크눔'과 '하피'에게 제사 지내기 위해서입니다. 당시에는 정기적으로 그런 제사를 지냈습니다.

파라오와 문무백관과 백성들이 모여 있을 때, 모세가 나일 강을 지팡이로 쳤습니다. 그러자 나일 강은 순식간에 피로 변했고 물고기들이 죽어 떠올랐습니다. 물은 악취가 나서 먹을 수 없게 되었습니다.

그 광경을 보고 있던 파라오가 눈짓을 하자 이집트의 요술사들이 등장했고, 그들도 모세처럼 행하자 나일 강이 피로 변했습니다. 파라오는 이번 일도 대수롭지 않게 생각했습니다. "바로가 돌이켜 궁으로 돌아가고 그 일에 관심을 가지지도 아니하였고"(출 7:23). 성경의 기록입니다.

그런데 대단히 곤란한 일이 생겼습니다. "애굽 사람들은 나일 강 물을 마실 수 없으므로 나일 강가를 두루 파서 마실 물을 구하였더라"(출 7:24). 나일 강이 피로 물든 바람에 백성들이 신선한 물을 찾느라 애를 먹은 것입니다. 이렇게 1라운드는 끝이 납니다.

여기서 기억해야 할 중요한 사항이 있습니다. 하나님이 재앙으로 사용하시는 모든 것, 곧 나일 강, 이, 파리, 악질, 독종, 메뚜기, 개구리, 흑암 등은 모두 이집트 사람들이 섬기던 신이었다는 사실입니다. 뭐 그런 것까지 섬기나 생각하겠지만 현대인이라고 해서 다를 게 없습니다.

통도사에 가면 금와보살 이야기를 들을 수 있습니다. '금와'란 금개구리를 말하는데, 자장율사와 깊은 인연이 있다는 이 금개구리는 요즈음도 가끔 나타난다고 해서 숭배의 대상이 되고 있습니다. 그 금개구리를 열심히 섬기면 부자가 된다고 합니다. 금개구리보다 나일 강을 신으로 섬기는 것이 차라리 나은 것 같습니다. 나일 강은 이집트에 풍요와 번영을 가져다준 젖줄로서, 찬란한 이집트 문명과 파라오의 절대 권력을 낳고 키우기나 했기 때문입니다.

요즈음 '복합 부적'이라는 것이 대유행이라고 합니다. 복합 부적은 그야말로 다목적 부적으로서 그 크기가 신문지 펼친 것보다 큽니다. 예전에는 자신이 원하는 것에 따라 한 가지 부적만 지니고 다녔습니다. 그런데 이제는 교통사고 막는 부적, 암에 걸리지 않는 부적, 사업 잘 되게 하는 부적, 부부금실 좋게 하는 부적 등 커다란 종이 한 장에 온갖 악귀를 막는 부적들을 몽땅 그린 다목적 복합 부적을 갖고 다니는 것입니다. 더욱 가관인 것은, 그 부적이 최첨단 인터넷 전자상거래로 유통된다는 사실입니다.

점이나 부적이 가장 유행하는 곳은 다름 아닌 최첨단 벤처 기업이 줄지어 있는 테헤란로와 가장 부유한 동네라는 압구정동 로데오거리입니다. 압구정동은 예로부터 무당이 많기로 소문난 곳이었습니다. 돈을 숭배하는 사람들이 필연적으로 도착하는 종착역이 바로 점집입니다.

점이나 부적은 까마득한 옛날 인류와 함께 시작되었습니다. 과학 문명이 발달한들 무슨 소용이 있습니까? 하나님과 우주의 본질을 모르는 인간의 의식 구조는 여전히 미망을 헤맬 수밖에 없습니다. 영적으로 눈이 멀고 철이 들지 않았기 때문입니다.

다원화 사회에서 종교에도 다원주의가 설득력을 갖게 되었습니다. 종교다원주의를 쉽게 설명하자면, "기독교는 사랑을 가르치고, 불교는 자비를 가르치니 둘이 다를 게 별로 없다. 그러므로 굳이 싸울 일이 뭐냐? 서로 좋은 것을 취하자"는 것입니다. 좋은 말처럼 들립니다.

물론 모든 종교가 평화로운 세계, 정의로운 사회를 만드는 일에 힘을 합쳐야 합니다. 요즈음 기독교의 행태를 볼 때 다른 종교들로부터 배우고 반성하며 개선할 점이 대단히 많은 것도 사실입니다. 이런 일들까지 종교 혼합으로 보아 거부하거나 방해한다면 기독교는 '왕따 종교', '버림 받은 종교'가 될 것입니다.

바울이 개척목사이고, 디모데가 담임목사이며, 사도 요한이 원로목사로 있던 에베소교회마저 없어진 판에 요즘 교회야 그렇게 배척당하는 게 대수겠습니까? 그러나 삼위일체 하나님마저 그런 일을 당하게 해서는 안 됩니다. 그런데 다른 종교와 힘을 합치고 그들로부터 배우는 일을 하면서 결코 잊지 말아야 할 게 있습니다. 그들과 우리의 차이점을 분명히 알고 자기정체성을 확립하는 것입니다.

'기독교의 사랑'과 '불교의 자비'는 겉모습이 비슷할 수 있습니다. 한국 교회가 이기적으로 변질된 요즈음은 불교의 자비가 오히려 더 돋보입니다. 그러나 기독교의 사랑은 십자가를 통해 하나님의 큰 사랑을 받고 너무나 감사하여 나 자신을 기꺼이 하나님과 이웃에게 드리는 데서 나옵니다. 반면에 불교의 자비는 한마디로 '적선積善'입니다. 윤회의 굴레에서 벗어나 부처가 되기 위해서 선을 쌓는 것입니다. 한마디로 기독교의 사랑은 '하나님 사랑'이고,

불교의 자비는 '인간의 공적'입니다. 서로 같은 것이 아닙니다. 전혀 다른 차원의 것입니다.

    삼위일체 하나님이 어떤 분인지, 무엇을 원하시는지 알아야 합니다. 그래야 기독교의 본질을 알고 자기정체성을 확립할 수 있습니다. "옆집 아저씨나 남편이나 거기서 거기다. 아니 오히려 옆집 아저씨가 더 좋다" 식이면 곤란하지 않습니까?

    기독교에만 병 낫는 기적이 있는 것은 아닙니다. 병을 고쳐주기 때문에 기독교가 우월하다고 말한다면 지나가던 소가 웃을 일입니다. 스님들이나 무당들도 병을 낫게 합니다. 물론 모든 병자들을 고치는 것은 아닙니다. 그것은 목사도 마찬가지입니다.

    모세와 아론이 지팡이를 던지자 뱀이 되었습니다. 그러자 파라오의 술객들도 지팡이를 던져 뱀으로 만들었습니다. 모세가 지팡이로 나일 강을 치자 강물이 피로 변했습니다. 그러자 파라오의 술객들도 그와 같이 나일 강을 피로 물들였습니다. 그것을 본 파라오는 궁으로 돌아가고 더 이상 그 일에 관념치 않았고, 백성들은 다른 방도로 물을 얻었습니다. 그들은 이렇게 생각했을 것입니다. '별거 아니네. 우리도 할 수 있잖아.'

    "누가 더 힘이 센지 보고 나서 더 센 존재를 섬기겠다." 이러한 신관은 초보 중의 초보입니다. 기독교의 예수가 불교의 부처보다 더 병을 잘 고치므로 예수를 믿어야 한다는 것은 어리석은 생각입니다. 예수가 힘이 더 세기 때문에 예수를 섬겨야 한다면 차라리 자유롭게 내 마음대로 살다가 천국이 아닌 다른 곳에 가면 됩니다. 다른 종교에서도 나름대로 유토피아를 제시하고 있기 때문입니다.

그런데 과연 그런 것일까요?

이집트 왕이 섬겼던 나일 강 신이나 태양 신은 하나님이 지으신 피조물에 불과합니다. 피조물은 엄청난 힘을 갖고 있고 아무리 대단해 보여도 사람들을 구원할 수 없습니다.

하나님을 믿는다는 것은 그저 이 땅에서 잘 먹고 잘 살다가 천국에 가기 위한 방편이 아닙니다. 여호와 하나님은 영원 전부터 영원까지 계시는 하나님입니다. 그 하나님이 시간과 온 우주를 만드셨습니다. 그 세계에서 제대로 된 삶을 살기 위해서는 그분의 뜻과 의도를 제대로 알고 그에 맞게 살아야 합니다.

이집트 땅에 내린 재앙들은 다른 신과의 힘겨루기가 아니라 하나님의 뜻을 만방에 알리는 거룩한 선포였습니다. 하나님이 주신 시간과 생명을 잡아먹는 미신과 미망으로부터의 해방이며 본질의 회복이었습니다.

하나님은 '만든 신'이나 '만들어진 신'이 절대로 아닙니다. 태양 신과 나일 강 신이야말로 인간들이 자신의 이기적인 목적을 위해 '만든 신' 입니다. 거기에 인간 스스로가 얽매여 하나님이 주신 생명과 시간을 엉뚱하게 탕진하고 있는 것입니다.

하나님을 잘 섬겨서 복을 듬뿍 받아 남보다 잘 먹고 잘 살아보겠다고 나선다면, 하나님 역시 '만든 신'으로 전락할 수밖에 없습니다. 하나님은 보이지 않으나 태양 신은 오늘도 하늘에서 온 땅을 두루 비추고, 나일 강 신은 사막을 가로지르며 도도히 흐르고 있기 때문입니다. 최고로 힘이 센 신이라는 이유로 하나님을 믿는다면, 교회는 마피아 집단 같은 곳이 되고 하나님은 조폭 두목이 되고 말 것입니다.

그 결과는 심각합니다. 교회는 욕을 바가지로 먹고 젊은이들이 떠나고 있으나, 점집은 세련된 카페로 변신하여 젊은이들을 끌어 모으고 있습니다. 어차피 재앙을 피하고 잘 먹고 잘 살자는 게 목적이라면 요구가 많은 교회보다는 즐거운 점집을 더 찾아가는 게 당연합니다. 헌금보다는 복채가 훨씬 싸게 먹히고 게다가 커피까지 나오니 말입니다.

하워드 헨드릭스라는 성서학자가 큰 부자에게 물었습니다. "부잣집에서 자랐으면서도 물질에 얽매이지 않은 비결이 무엇입니까?" 부자는 웃으며 이렇게 말했습니다. "세상 모든 것은 우상 아니면 도구라고 아버지께서 가르쳐주셨거든요. 그 선택은 제가 하는 것이었습니다."

우리가 경배하는 것은 무엇이든 '우상'이며, 사용하는 것은 '도구'입니다. 돈과 권력, 참 좋지요. 그런데 그것들을 내 소유물로 보는 순간 탐욕이 일어나고, 그것들이 우상이 되어 나를 지배하기 시작합니다. 반면 돈이나 권력을 그저 일을 원활하게 하는 도구로 생각할 때 내가 그것을 지배할 수 있습니다. 고단한 삶에서 자유롭고 싶다면 모든 것을 제자리에 두고 그것에 과도한 가치를 부여해서는 안 됩니다. 그것이 곧 죄이며, 더 많은 죄로 나를 이끌어 마침내 꽁꽁 묶어버리는 올무가 됩니다.

사도 바울은 신신당부했습니다.

"그리스도께서 우리를 자유롭게 하려고 자유를 주셨으니 그러므로 굳건하게 서서 다시는 종의 멍에를 메지 말라"(갈 5:1).

출애굽기 8:13-15 | **7**강

예수님을
개구리로 만들지 말라

하나님을 섬기는 목적이 무병장수, 부귀영화에 있다면
부활하신 예수님이나 부활의 신 개구리 헥트나 다를 바 없습니다.
하나님을 알고, 주 예수를 믿고, 사랑하는 것이
신앙의 궁극적인 목적입니다.

출애굽기 7강

당시 이집트 사람들에게 개구리는 단순한 개구리가 아니라 신이었습니다. 그 이름은 '헥트', '부활과 다산의 신' 입니다. 겨울이 되어 다 죽은 줄 알았던 개구리가 봄이 되면 또 다시 살아나 돌아다니니 부활이라도 한 것처럼 보였겠지요. 또한 개구리 한 마리가 수천 수만 개의 알을 낳습니다. 다산이지요. 그래서 사람들은 개구리 신 헥트에게 예물을 바치고 절하며 "우리도 당신처럼 부활하여 영원히 살게 하소서. 우리도 당신처럼 번성하게 하소서"라고 기도했습니다.

이런 일들이 고대 이집트에서만 있었던 것은 아닙니다. 우리나라에 황소개구리가 들끓게 된 것도 같은 맥락에서 일어난 일입니다.

큰돈이 될 줄 알고 외국에서 황소개구리나 이스라엘 잉어 등을 수입했는데 예상이 빗나가 소비가 없자 수입업자들은 그것들을 그냥 강이나 호수에 내다버렸습니다. 그 때문에 황소개구리가 온 산하를 덮게 되었습니다. 완전히 성장한 황소개구리는 30cm나 되어 뱀까지 잡아먹습니다. 그러니 웬만한 것은 다 먹어치웁니다. 황소개구리의 왕성한 번식력은 생태계에 큰 위협이 되고 있습니다. 그 밖에 이스라엘 잉어, 블루길 등의 외래 어종들도 같은 위협을 가하고 있습니다. 여기에 수입 거북이도 한몫을 단단히 합니다. 불교 예식의 일환으로 방생한 거북이가 엄청난 속도로 불어났기 때문입니다.

이에 이의를 제기하는 사람들도 있을 것입니다. "이집트 사람들이 생각하는 개구리와 우리나라 사람들이 생각하는 황소개구리는 차원이 전혀 다르다." 그러나 그 출발점은 모두 인간의 부귀영화에 있습니다. 다만 과거는 현대보다 훨씬 더 종교적이고 집단적이며 단순했다는 점에서 차이가 날 뿐입니다. 요즈음도 바퀴벌레를 '돈벌레'로 생각해서 절대로 죽이지 않는 사람들이 있습니다. 어릴 적에 부자 친구 집에 놀러갔다가 놀라운 광경을 본 적이 있습니다. 사과를 잘라 장롱 앞에 두자 바퀴벌레들이 민첩한 걸음으로 순식간에 모여든 것이었습니다. 끔찍한 광경이었지만 '그래서 이 친구네가 부자인가보다' 라는 생각이 들었습니다.

오늘날 여전히 많은 사람들이 길일과 흉일을 따지며 살아갑니다. 백 번 양보해서 정말로 길한 날과 흉한 날이 있다고 칩시다. 그런데 그 기준이 도대체 무엇입니까? 제대로 정한 날이 맞습니까? 과거에는 달력이라는 것 자체가 없었고, 또 나라나 문화권마다 쓰는 달력이 달랐습니다. 많은 젊은이들이 신봉하는 별점만 해도 그 기준이 무엇입니까? 우리가 지금 보고 있는 별빛들은 수백, 수천, 수만 광년을 날아와 우리 눈앞에서 반짝이는 것으로 이미 그 별들은 사라져 없어진 것일 수도 있습니다. 이런 지적들을 일일이 했다가는 끝도 없습니다. 기독교라고 해서 무조건 옳다는 말이 아닙니다. 기독교에도 미신적인 요소들이 많이 들어와 있습니다.

하여간 최첨단 시대를 산다고 자처하는 현대인들도 많은 미신과 금기에 연연해하는 것을 보면, 개구리 신 헥트를 섬기던 고대 이집트인들과 진배없습니다.

하나님은 모세를 통하여 이집트 땅에 개구리 재앙을 내리면서 여기에 경고를 담으셨습니다. 어떤 경고일까요?

하나님은 모세에게 다음과 같이 명령하십니다.

"너는 바로에게 가서 그에게 이르기를 여호와의 말씀에 내 백성을 보내라. 그들이 나를 섬길 것이니라. 네가 만일 보내기를 거절하면 내가 개구리로 너의 온 땅을 치리라"(출 8:1-2).

무슨 말씀입니까? 개구리를 부활과 다산과 번영의 신으로 섬기는 이집트 사람들을 바로 그 개구리들을 사용해 멸망시키겠다는 경고입니다.

이집트의 파라오는 여전히 하나님의 경고를 무시했습니다. 그러자 개구리들이 하수에서 무수히 생기고 올라와 궁궐에까지 침입하고 침실과 침상, 화덕과 떡 반죽 그릇에 들어갔습니다.

여기서 주목할 구절이 있습니다. "요술사들도 자기 요술대로 행하여 개구리가 애굽 땅에 올라오게 하였더라"(출 8:7). 그런 일은 너희 하나님만 할 수 있는 게 아니다, 그 정도는 우리도 할 수 있다는 것입니다.

그런데 그렇게 할 수 있고 없고가 중요한 게 아닙니다. 하나님은 지금 힘자랑을 하시는 게 아닙니다. 더 깊이 살펴보아야 할 것들이 많습니다.

그동안 우리나라는 번영을 외치며 살아왔습니다. 너나없이 밤낮으로 일하며 가난과 싸워왔습니다. 덕분에 지금은 과거와 비교할 수 없을 만큼 물질적 풍요를 누리게 되었습니다. 그런데 생각지 못한 결과도 따랐습니다. 개구리가 온 땅을 덮듯이 온 나라가 더러워졌습니다. 자연파괴보다 더 무서운 것은 사람의 마음과 영혼의 황폐화입니다. 수많은 가정들이 무너지고, 청소년이나 어른 할 것 없이 방향을 잃고 방황하며, 사회 구석구석이 부패하여 주저앉고 있습니다. 그런데 이 모든 일이 죄다 '돈이 없어서' 생긴 일이라고 생각합니다. 그러므로 문제를 해결하려면 더 많이 번영해야 한다고 믿습니다.

"개구리가 집과 마당과 밭에서부터 나와서 죽은지라. 사람들이 모아 무더기로 쌓으니 땅에서 악취가 나더라"(출 8:13-14).

지금도 마찬가지입니다. 번영의 폐기물이 온 산하를 뒤덮고 악취를 풍기고 있는데도 개구리가 더 많이 필요하다고 외치고 있는 형국입니다.

그런데 눈여겨볼 것이 있습니다. 개구리가 너무 많아지자 이집트 술객들은 개구리를 강으로 돌려보내려고 했습니다. 그러나 실패했습니다. 여기서 여호와 하나님과 우상들 간에 결정적인 차이가 드러납니다.

"모세가 이르되 왕의 말씀대로 하여 왕에게 우리 하나님 여호와 같은 이가 없는 줄 알게 하리니 개구리가 왕과 왕궁과 왕의 신하와 왕의 백성을 떠나서 나일 강에만 있으리이다"(출 8:10-11).

주목해야 하는 구절은 "하나님 여호와 같은 이가 없는 줄 알게 하리니"입니다. 하나님이 누구인지 알 때 비로소 모든 것이 회복될 수 있다는 것입니다. 어떻게 회복될 수 있을까요?

하나님을 가리켜 '생명의 하나님'이라고 합니다. 생명의 하나님이란, 태초부터 오늘에 이어 영원히 살아 계신 하나님, 동시에 죽은 것과 파괴된 것을 살리고 회복시키시는 하나님이란 뜻입니다. 그 생명의 하나님이 십자가에서 죽은 예수님을 부활시키셨고, 우리에게도 부활을 약속하고 허락하십니다.

예수님은 부활의 하나님입니다. 개구리 신 헥트 역시 이집트 사람들에게 부활의 신입니다. 그런데 개구리 신을 통해 추구하는 부활은 예수 그리스도를 통해 추구하는 부활과는 아무런 관계가 없고 차원 또한 다릅니다. 하나님이 약속하신 부활은 단순히 풍요로운 가운데 무병장수하는 것을 의미하지 않습니다. 중국 진시황은 영생불로초를 찾아 헤맸는데, 그것은 개구리 신 헥트 숭배와 같은 맥락에서 나온 행태입니다. 하나님이 약속하신 부활을 무병장수와 부귀영화의 차원에서 믿는다면, 기독교 역시 천박한 종교로 전락하고 말 것입니다.

예수 그리스도를 통하여 추구하는 부활은 곧 '생명의 완성'입니다. 이것을 가장 잘 설명한 구절이 고린도전서 13장 12절입니다.

"우리가 지금은 거울로 보는 것 같이 희미하나 그때에는 얼굴과 얼굴을 대하여 볼 것이요 지금은 내가 부분적으로 아나 그때에는 주께서 나를 아신 것같이 내가 온전히 알리라."

세상 사람들은 눈에 보이는 번영과 풍요를 추구하며 살지만, 크리스천들은 눈에 보이지 않는 영이신 하나님을 섬기며 살아갑니다. 그러다 보니 때로는 뭐가 뭔지, 과연 내가 제대로 살아가고 있는 것인지 청동거울로 보는 것처럼 희미합니다. 때로는 실수를 하고 시행착오도 겪습니다.

그러나 '그때'가 되면 상황이 달라집니다. 그때란 언제입니까? 영적으로 눈뜰 때이며, 또한 육체를 벗고 영으로 하나님 앞에 서는 때를 말합니다. 그때 우리는 얼굴과 얼굴을 맞대고 하나님을 바라볼 것입니다. 하나님이 친히 눈앞에서 모든 것을 가르쳐주시고 그동안의 탄식과 무지와 모자람을 위로하며 채워주실 것입니다. 마침내 주님이 나를 아신 것처럼 나 또한 나 자신을 포함한 세상의 모든 비밀과 신비를 깨닫게 될 것입니다.

개구리 재앙을 보며 마음에 새길 중요한 사실이 있습니다. 개구리는 하나님의 피조물로서 강이나 연못에서 살아야 합니다. 그래야 개구리로 존재하는 목적에 맞습니다. 개구리가 하수에 살아야 하듯이 돈이나 권력 역시 그 위치와 용도가 있습니다. 그것의 존재 목적을 알고 그에 합당하게 사용하는 것이 신앙생활의 과정입니다.

개구리까지 신의 반열에 올려놓을 만큼 어리석은 인간이니 돈이나 권력, 명예같이 더 값나가는 것을 어찌 숭배하지 않겠습니까? 그러나 개구리가 결코 신의 자리에 올라서는 안 되듯이 돈이나 권력이 숭배 대상이 되어서는 안 됩니다. 이런 것들이 하나님의 자리에 앉아 숭배 대상이 될 때 악취를 풍기기 시작합니다.

하나님의 권능으로 개구리들이 제자리로 돌아가고 재앙이 끝나자 파라오가 어떻게 반응했는지 주목하십시오.

"그러나 바로가 숨을 쉴 수 있게 됨을 보았을 때에 그의 마음을 완강하게 하여 그들의 말을 듣지 아니하였으니 여호와께서 말씀하신 것과 같더라"(출 8:15).

재앙이 물러가고 어려움이 해결되자 파라오는 다시 제자리로, 개구리를 섬기는 자리로 돌아갔습니다.

비단 하나님을 모르는 사람들뿐만 아니라 많은 크리스천들이 이렇게 살아가고 있습니다. 급할 때는 하나님을 찾고 매달리다가 문제가 해결되면 다시 원점으로 돌아갑니다. 그래서 매일 제자리걸음이고 성장이 없습니다. 언제나 미성숙에 머물러 있습니다.

번영을 추구하는 것이나 재앙을 피하는 것이나 이름만 다를 뿐 그 성격은 같습니다. 하나님을 섬기는 목적이 무병장수와 부귀영화에 있다면 부활하신 예수님이나 부활의 신 개구리 헥트나 같은 것이 되고 맙니다. 하나님을 섬기는 이유는 하나님 그 자체에 있습니다. 하나님을 알고, 주 예수를 믿고 사랑하는 것이 신앙의 궁극적인 목적입니다.

여호와 하나님은 생명의 원천입니다. 생명의 가장 큰 특징은 성장에 있습니다. 생명이 있는 것은 모두 자라게 마련입니다. 그런데 성장에는 '육체적 성장'과 '영적 성숙'이 있습니다. 나무도, 새도 생명이 있으므로 자라납니다. 커집니다. 그런데 영적 성숙은 오직 하나님의 사람만 이룰 수 있는 일입니다. 하나님을 추구하고 사랑할 때 크리스천들은 자라고 성숙해지기 시작합니다. 그리스도의 장성한 분량에 이르기까지 그 성장은 멈추지 않습니다. 크리스천들의 가장 큰 특징은 바로 영적 성숙, 즉 '거룩한 성숙'입니다.

사탄은 번영을 약속하며 모든 피조물을 섬김의 대상으로 만들었습니다. 그런데 알아야 할 것은, 섬김을 받는 피조물들이 좋아하는 게 아니라 탄식한다는 사실입니다.

신으로 떠받들어진 개구리들은 좋아하는 게 아니라 힘들어 하고 곤혹스러워 합니다. 동물이나 식물은 물론 호수나 숲 같은 자연 환경들은 그 존재 목적에 따라 인간들이 자신들을 잘 사용해주기를 바랍니다. 물이나 공기까지 하나님의 창조 목적에 따라 잘 사용되기를 고대한다는 사실을 알아야 합니다.

로마서 8장 19절 이하에 눈여겨볼 세 가지 탄식이 기록되어 있습니다.

사도 바울은 말합니다. "피조물들이 고대하는 바는 하나님의 아들들이 나타나는 것이니", "그 바라는 것은 피조물들도 썩어짐의 종노릇한 데서 해방되어 하나님의 자녀들의 영광의 자유에 이르는 것이니라." 이어서 말합니다. "피조물이 다 이제까지 함께 탄식하며 함께 고통을 겪고 있는 것을 우리가 아느니라."

피조물들은 탄식하며 하나님의 자녀들이 나타나기를 고대하고 있습니다. 이것이 첫 번째 탄식입니다. 크리스천들은 이러한 피조물들의 탄식을 들어야 합니다. 그들이 왜 탄식하는지 알아야 합니다. 번영만 추구하다가 자신도 모르게 빠지는 썩어짐의 종노릇에서 벗어나야 합니다. 교묘히 십자가로 위장된 피조물들을 숭배하는 어리석음에서 깨어나야 합니다. 탄식하는 피조물들을 이끌고 하나님의 영광스런 자유를 향해 나가야 합니다.

로마서 8장 23절에는 성도들의 거룩한 탄식이 있습니다.

"우리 곧 성령의 처음 익은 열매를 받은 우리까지도 속으로 탄식하며 양자 될 것 곧 우리 몸의 속량을 기다리느니라."

"하나님, 잘못했습니다. 용서해주세요. 저 역시 개구리 신을 섬겼습니다. 번영만 추구했습니다. 그저 복 받고 재앙을 피하려고 하나님을 믿었습니다. 재앙이 지나고 나면 파라오처럼 하나님으로부터 멀어졌습니다. 그래서 세월이 지나도 하나님이 원하시는 거룩한 성숙을 전혀 이루지 못했습니다. 전혀 자라지 못하고, 매일 원점으로 돌아가 있는 자신을 보며 저 또한 탄식합니다. 이제 진정한 하나님의 자녀가 되기를 원합니다. 누구도 구제할 수 없고, 부족하기 짝이 없는 저를 구속해주세요. 하나님의 자녀로 삼고 도와주세요." 이것이 크리스천들의 거룩한 탄식입니다. 하나님이 듣고 싶어 하시는 우리들의 탄식, 두 번째 탄식입니다.

세 번째 탄식은 성령 하나님의 탄식으로 로마서 8장 26절에 기록되어 있습니다.

"성령도 우리의 연약함을 도우시나니 우리는 마땅히 기도할 바를 알지 못하나 오직 성령이 말할 수 없는 탄식으로 우리를 위하여 친히 간구하시느니라."

탄식하는 피조물들을 이끌어 하나님의 영광으로 인도하기를 원하며, 구원과 지혜와 능력을 간절히 기다리는 우리의 탄식에 성령님이 말할 수 없는 탄식으로 응답하십니다. 그리고 우리의 연약함을 채워주십니다.

"우리가 마땅히 빌 바를 알지 못하나." 그 시작은 미숙하고 부족한 것투성이입니다. 이렇게 하면, 저렇게 하면 될 것 같은데 마음처럼 되지 않습니다. 그러나 이러한 실수와 실패는 중요하지 않습니다. 문제는 하나님의 사명을 감당하겠다는 결단입니다. 그 결단 위에 성령님이 임하십니다. 친히 바로잡아주고 인도하며 최선의 길을 가르쳐줄 뿐만 아니라, 그 일을 수행할 능력과 지혜와 권력과 번영 등 모든 것을 가장 적절한 때 풍성하게 공급하십니다.

사도 바울은 말합니다.

"그리스도께서 다시 살아나신 일이 없으면 너희의 믿음도 헛되고 너희가 여전히 죄 가운데 있을 것이요 또한 그리스도 안에서 잠자는 자도 망하였으리니 만일 그리스도 안에서 우리가 바라는 것이 다만 이 세상의 삶뿐이면 모든 사람 가운데 우리가 더욱 불쌍한 자이리라"(고전 15:17-19).

부활하신 예수 그리스도의 능력을 다만 이 땅에서 무병장수하고 사업 재기하는 수단으로만 여긴다면 예수님은 개구리 신 헥트가 되고, 우리는 하나님 눈치뿐만 아니라 목사들의 눈치까지 보아야 하는 불쌍한 인생이 됩니다.

이제 예수님을 개구리로 만들지 맙시다.

생명이 완성되는 부활. 이것은 우리가 육체를 벗고 난 다음에도 영으로 하나님 앞에서 살아갈 삶이자 최고의 신비입니다.

8강 | 출애굽기 2:11-12

Exodus

재앙이 없는 곳도 있다고요?

진정한 예배란 하나님을 만나고 그분의 뜻을 아는 것.
거기엔 고난을 생명의 훈련으로,
권태를 감사로 바꾸는 힘이 있습니다.
그런 예배가 있는 곳이 모든 재앙과 두려움이 비켜가는 고센 땅입니다.

출애굽기 8강

1년 정도 된 중고차를 사는 것이 가장 경제적이라 하는데 굳이 새 차를 사는 사람들이 있습니다. 새 차에서 나는 냄새가 좋아서라고 합니다. 사람들은 이왕이면 새 것을 좋아하고 '새로움'을 찾아다닙니다. 새로움을 열망하고 그것에 감탄합니다.

그런데 새로움에 대하여 귀담아 들을 말이 있습니다. 프랑스 작가 마르셀 프루스트가 한 말입니다. "새로운 발견이란 새로운 땅을 찾는 것이 아니라 새로운 시각으로 보는 것이다." 새로운 시각으로 보면 오래 되고 낡은 것에서도 아주 새로운 것을 발견할 수 있다는 말입니다.

진선미眞善美. 지금처럼 즉물적인 세상에선 많이 퇴락했지만 그래도 인류는 진선미를 추구하며 살아갑니다. 학문을 통해서는 진을, 인격 수양과 도덕과 윤리를 통해서는 선을, 예술을 통해서는 미를 추구합니다. 그런데 정작 중요한 것은 성聖, 거룩함입니다. 진선미는 모두 인간의 경험 세계에서 찾는 것이고, 거룩함은 인간의 경험 밖에 있는 신의 영역을 추구합니다. 그 통로가 바로 종교입니다.

흔히들 착하게 살기 위해서 종교를 갖는다고 생각하지만, 그것은 종교의 아주 지엽적인 부분에 지나지 않습니다. 종교를 통해 신의 영역을 추구하는 목적은 저마다 다르겠지만, 가장 주된 목적은 아마도 신의 능력을 힘입어 액운과 불행을 면하고 풍요롭게 사는 데 있을 것입니다. 이것을 다른 말로 하면 기복신앙입니다.

기복신앙은 종교의 수준을 가늠하는 중요한 기준입니다. 저급한 종교일수록 종교생활에서 기복신앙이 차지하는 자리가 큽니다. 남묘호렌게쿄라는 왜색 종교는 '남묘호렌게쿄'라는 주문만 외우면 만사형통 무병장수 부귀영화가 보장된다고 가르칩니다. 대단히 단세포적인 기복신앙이 아닐 수 없습니다. 착해지기 위해서 무당을 찾아가는 사람은 없습니다. 다른 사람에게 해를 입히는 일이라도 복채만 듬뿍 내면 무당들은 별말 없이 처방을 내려줍니다. 그 처방이 효험이 있고 없고는 그 다음 문제입니다.

한국 기독교가 요즈음 안팎으로 심각한 비판과 공격을 받고 있습니다. 그 주된 원인은 다름 아닌 한국 기독교의 과도한 기복신앙관 때문입니다. 무속 종교에서조차 마음자리를 잘 써야 귀신들이 도와준다고 가르치는 판에, 한국 기독교는 절대지존 여호와 하나님을 믿는다는 이유로, 남의 눈치를 살피는 최소한의 겸양조차 없이 요란스레 자기만 위한 복을 요구하고 있는 것은 아닌지 모르겠습니다.

경주마에게는 앞만 보고 달리도록 시야를 좁게 하는 '말 안경'을 씌웁니다. 기복신앙은 말 안경과 같아서, 영적 시야를 좁게 하고, 끝내는 영안을 덮어버리는 두꺼운 꺼풀이 됩니다. 뿐만 아니라 하나님을 바알로, 목사를 무당으로 전락시킵니다.

우리 모두 곰곰이 생각해봐야 할 구절이 있습니다.

"네 하나님 여호와를 위하여 쌓은 제단 곁에 어떤 나무로든지 아세라 상을 세우지 말며 자기를 위하여 주상을 세우지 말라. 네 하나님 여호와께서 미워하시느니라"(신 16:21-22).

하나님을 위하여 단을 쌓는다는 것은, 요즈음 말로 하면 하나님께 예배드리는 것입니다. 성도들은 예배를 통하여 하나님께 감사와 찬양과 헌신을 올려드립니다. 하나님을 만나고 하나님과 교통합니다. 예배를 통하여 하나님의 사랑과 능력과 지혜와 축복이 임합니다. 그런데 하나님을 위하여 쌓은 단 옆에 무언가가 슬그머니 올라옵니다. 바로 나무로 만든 아세라 상입니다. 아세라 상은 가나안의 우상 중 하나입니다.

하나님의 단 위에 아세라 상을 세우다니 그럴 수가 있습니까? 그런데 잠시 흥분을 가라앉히고 점검해볼 것이 있습니다. 이 구절은 아세라 상을 '자기를 위하여 세우는 주상'이라고 설명하고 있습니다. 단은 하나님을 위하여 쌓은 것이고, 아세라 상은 자기를 위하여 올려놓은 것입니다. 왜 그렇게 했을까요? 아세라 상은 한마디로 '번영의 신'입니다. 하나님이 그토록 싫어하시는 바알 신도 번영의 신이며, 몰록이나 출애굽기에 나오는 이방 신들은 모두 번영의 신입니다. 착하고 바르게 살려고 믿는 신이 아니라 잘 먹고 잘 살기 위해 믿는 신들입니다.

이런 것들을 하나님을 위하여 쌓은 단 옆에 슬그머니 올려놓은 것은 하나님만으로는 뭔가 부족하다고 생각했기 때문입니다. 하나님이 공급하시는 것만으로는 만족하지 못하겠다는 것입니다. 내가 원하는 것이 달리 있는데, 그것을 하나님이 아닌 아세라 신이 준다는 것입니다.

분명히 교회에는 예수님의 십자가만 서 있습니다. 이 십자가를 통하여 당신의 아들까지 버리신 하나님의 사랑이 내게 임합니다.

그 십자가에는 나를 구원하고 인도하는 죄 사함의 은총이 있습니다. 이 땅에서는 구할 수 없는 영생과 하나님의 영광이 있습니다. 그 십자가를 보면서 나도 내 십자가를 지고 주님을 따르겠다는 결단을 하게 됩니다.

그런데 사람들은 정작 이런 것에는 별 관심이 없습니다. 진짜 관심은 다른 데 있습니다. 부귀영화와 무병장수, 만사형통과 입신출세입니다. 그러니 십자가를 바라보며 예배를 드리는 중에도 그 옆에 수많은 현대판 아세라 상을 올려놓습니다. 눈에 보이지 않지만 십자가 제단에는 예금통장도 올라와 있고, 주식도 올라와 있고, 자녀와 건강도 올라와 있습니다.

아세라 상은 '자기를 위하여 세우는 주상'이라는 하나님의 명확한 지적에서 명심할 것이 있습니다. '자기를 위한다'는 말을 한자로 쓰면 '사람 인人' 자와 '위할 위爲' 자, 즉 '인위人爲'입니다. 이것을 합치면 '사이비 위僞' 자가 됩니다. 나를 위하여 세운 아세라 상은 한마디로 '가짜'라는 말입니다. 자기만 위하여 섬기는 신은 모두 가짜 신이라는 것이 하나님의 평가입니다. 그렇다면 하나님의 뜻은 무시한 채 나 자신만 위하여 하나님을 섬길 경우 어떻게 될까요?

몇 년 전, 충청도 어딘가에 행정수도를 건설한다는 소식에 갑자기 효자 효부가 많이 생겨났답니다. 이유는 뻔합니다. 고향에 계신 부모님을 생각하기보다 오르는 땅값과 장차 돌아올 유산에 관심이 있는 것입니다. 한마디로 가짜 효도입니다. 부모님들은 갑자기 선물을 안고 찾아오는 자식들의 속내에 쓸쓸해 하십니다. 우리들의 속내를 누구보다도 잘 아시는 하나님의 심정은 어떨까요?

　기독교를 통하여, 십자가를 통하여 추구해야 할 것은 그런 게 아닙니다. 하나님이 원하시는 것은 따로 있습니다.
　"내가 사람의 방언과 천사의 말을 할지라도 사랑이 없으면 소리 나는 구리와 울리는 꽹과리가 되고 내가 예언하는 능력이 있어 모든 비밀과 모든 지식을 알고 또 산을 옮길 만한 모든 믿음이 있을지라도 사랑이 없으면 내가 아무것도 아니요 내가 내게 있는 모든 것으로 구제하고 또 내 몸을 불사르게 내줄지라도 사랑이 없으면 내게 아무 유익이 없느니라"(고전 13:1-3).
　나의 번영보다 더 고귀한 것, 최고의 진리와 선함과 아름다움과 거룩함을 평생 이루었다고 하더라도 단 하나가 빠지면 아무것도 아니고 아무런 유익이 없다고 했습니다. 그 단 하나는 '사랑' 입니다. 여기서 말하는 사랑이란 어떤 감정이나 행위가 아닙니다. 아가페 사랑, 즉 하나님 사랑입니다. 그것은 하나님 자신을 말합니다.

'사랑'을 '하나님'으로 바꿔서 읽어보십시오. 그 뜻이 즉각 드러납니다.

삼위일체 하나님, 그분이 없다면 그 어떤 것도 무의미합니다. 눈에 보이지 않는 하나님을 어떻게 추구할 수 있을까요? 살아 있는 존재를 추구하는 유일한 길은 그 존재를 사랑하는 것입니다. 하나님을 알고 믿고 사랑할 때 그분을 만나고 추구하고 닮아갈 수 있습니다. 이것이 기독교가 지닌 최고의 본질이며 십자가가 세워진 목적입니다.

신앙의 첫걸음은 하나님을 알고 인식하는 것입니다.

하나님은 모세에게 당신을 계시하셨습니다. "나는 스스로 있는 자 여호와니라." 이러한 하나님을 아는 것이 신앙의 출발점입니다. 하나님은 열 차례에 걸쳐서 이집트에 재앙을 내리셨습니다. 재앙을 내릴 때마다 이런 말씀을 하셨습니다. "그들로 하여금 내가 누구인지 알게 하겠다."

하나님은 재앙을 내려서 이집트 사람들이 섬기는 우상을 여지없이 깨뜨리셨습니다. 그 우상에 가려 하나님을 보지 못하기 때문입니다. 그러므로 재앙을 내린 것은 당신을 드러내시려는 하나님의 공의와 사랑에서 비롯된 행동이었습니다.

그러나 오직 복만 바라며 온갖 우상을 섬기는 파라오와 이집트가 그런 하나님을 볼 리 없습니다. 하나님을 거부하는 이집트 땅에 세 번째 재앙이 임했습니다. 모세가 지팡이를 들어 땅의 티끌을 치자 그 많은 티끌이 이로 변하여 사람과 가축을 공격했습니다. 군대 시절 겨울 내복에 DDT 주머니를 달아서 이를 방지했던 생각이 나서 몸이 스멀거립니다. 그 괴로움은 당해본 사람만이 압니다.

그것을 보고 이번에도 이집트의 무당과 술객들이 나섰습니다. 그러나 어찌 된 일인지 실패했습니다. 그들은 놀라며 소리쳤습니다. "이는 하나님의 권능이다!" 그들은 파라오에게 달려가 "왕이시여, 이는 사람의 잔재주가 아니라 하나님의 권능이 분명합니다. 저희는 도저히 그 일을 할 수 없습니다"라고 전했습니다.

땅의 티끌을 이로 만든 재앙은 땅의 신 '셉'에 대한 징벌입니다. 땅을 목숨으로 여기며 땅의 신 셉을 정성스레 섬기는 사람들에게 오히려 땅이 재앙을 가져온다는 것을 하나님은 가르쳐주셨습니다. 셉이 그 추종자들과 함께 재앙을 당했습니다.

하나님은 이어서 네 번째 재앙을 내리십니다. 온 땅을 파리로 가득하게 하셨습니다. 파리 재앙은 곤충의 신 '하트콕'에 대한 징벌입니다. 하트콕을 섬기는 사람들이 함께 그 재앙을 당했습니다.

여기서 눈여겨볼 구절이 있습니다.

"그날에 나는 내 백성이 거주하는 고센 땅을 구별하여 그곳에는 파리가 없게 하리니 이로 말미암아 이 땅에서 내가 여호와인 줄을 네가 알게 될 것이라"(출 8:22).

이와 파리의 재앙이 온 땅을 덮었을 때에도 안전하고 깨끗한 곳이 있었습니다. 바로 이스라엘 백성들이 살고 있는 고센 땅이었습니다.

요즈음 도처에서 탄식 소리가 들려옵니다. 사는 게 너무 힘들다고 말합니다. 모두들 재앙이 없는 고센 땅에서 살고 싶어 합니다. 어떻게 하면 재앙에서 벗어나 고센 땅에 거할 수 있을까요?

하나님이 고센 땅을 구별하신 목적이 있습니다. "이로 말미암아 이 땅에서 내가 여호와인 줄을 네가 알게 될 것이라"(출 8:22).

이스라엘 백성들에게 하나님이 누구인지 가르치기 위해서입니다. 그것은 이집트 땅에 재앙을 내리신 이유와 동일합니다. 하나님 당신이 누구인지 알리기 위해서 이처럼 애쓰시는 그 마음을 부디 깨닫기 바랍니다. 하나님이 이집트 온 땅에 온갖 재앙을 내리면서도 이스라엘 백성들이 모여 사는 고센 땅을 지켜주신 것은, 무조건 내 자식만 감싸고도는 요즘 엄마들의 치맛바람과는 아무런 관계가 없습니다.

해병대 캠프에서는 편할 생각을 완전히 접어야 합니다. 그 마음을 버리지 못하면 마음고생만 더하다가 끝내는 퇴출됩니다. 해병대 캠프를 설치하는 목적은 백전불굴의 전사를 만드는 데 있습니다. 마찬가지로 하나님이 고센 땅을 구별하신 목적은, 그곳 사람만 편히 있게 해주려는 게 아니라 사람들로 하여금 하나님이 누구인지, 무엇을 원하시는지 알게 하기 위해서입니다. 고센 땅에 아세라 상 같은 것은 아예 가져오지 말아야 합니다. 하나님의 비위를 잘 맞춰서 복을 듬뿍 받아보겠다는 생각은 고센 땅 입구에서 던져버려야 합니다.

그런데 하나님을 아는 데서 끝날 게 아니라 더 나아가야 합니다. 하나님을 아는 것은 신앙의 첫걸음이기는 하지만 그 자리에 머물러서는 절대 안 됩니다. 더 깊은 차원으로 들어가야 합니다. 이집트 땅에 재앙이 내렸을 때 이집트 무당과 술객들은 그것이 하나님의 권능으로 일어난 일임을 알았습니다. 그러나 아는 것만으로는 재앙을 면치 못했습니다. 하나님의 존재를 인정한다고 해서 하나님의 백성이라고 할 수 없다는 뜻입니다.

예수님이 이 땅에 와서 사역을 하셨을 때 사람들은 그분을 알아보지 못했습니다. 그러나 귀신들은 예수님이 하나님의 아들이라는 사실을 '귀신처럼' 알았습니다. 그들은 한결같이 이렇게 간청했습니다. "하나님의 아들이여, 우리가 당신과 무슨 상관이 있나이까?

제발 우리를 괴롭히지 마소서." 이집트의 술객이나 악한 영들도 하나님이 누구인지 이미 알고 있었습니다. 그러나 그들은 하나님과 아무런 상관이 없었습니다.

무당이나 술객들도 나름대로 영적 안목을 지닌 사람들이기 때문에 당연히 하나님을 알아봅니다. 그러나 하나님을 아는 게 곧 믿는 것은 절대로 아닙니다. 구원의 관건은 하나님과의 관계에 있습니다. 오직 하나님만 믿고 의지하느냐, 경외하느냐에 달렸습니다.

자, 이제 하나님이 고센 땅을 구별하신 최종 목적을 알아봅시다. 모세가 파라오에게 말합니다.

"우리가 사흘 길쯤 광야로 들어가서 우리 하나님 여호와께 제사를 드리되 우리에게 명하시는 대로 하려 하나이다"(출 8:27).

최종 목적은 이스라엘 백성들이 하나님께 예배드리도록 하는 데 있습니다. 예배란 무엇입니까? 예배의 핵심은 하나님을 만나는 것입니다. 하나님이 중심에 서는 것, 세상과 나는 간 곳 없고 오로지 하나님만 부각되는 것이 예배입니다. 하나님만 부각될 때 새로운 시각이 생깁니다. 새로운 시각이란 영적 차원에 진입하는 것을 의미합니다.

예배가 없다면 고난과 역경은 사람을 절망케 하고 마침내 망하게 만드는 재앙이 됩니다. 예배를 열심히 드리는데도 고난과 역경 앞에서 여전히 절망하는 사람들이 많습니다. 예배를 통해 사랑하는 하나님을 만나는 것이 목적이 아니기 때문입니다. 불교에도 이와 비슷한 경우를 빗댄 말이 있습니다. "염불에는 관심이 없고 젯밥에만 관심이 있다." 하나님께는 별 관심이 없고, 복 받는 것에만 관심이 있으면 예배는 무병장수를 비는 굿판으로 전락하고 맙니다. 재앙을 물리치고 복 좀 받아보겠다고 없는 돈 끌어모아 굿판을 벌였는데도 재앙이 계속된다면 무당을 욕하고 더 깊은 절망에 빠지지 않겠습니까?

"목사님, 저는 도대체 언제 복을 받는 겁니까?" 어느 여 집사님에게 이런 항의를 받았을 때 저는 목사가 아니라 무당이 된 것 같았습니다.

1993년 미국 동부 피드몬트 시의 한 교회에서 종려주일을 맞이하여 예배를 드리고 있었습니다. 평소보다 많은 사람들이 모였습니다. 그 교회 이름은 '고센연합감리교회'였습니다. '세상에 어떤 재앙이 내려도 우리만은 안전하게 지켜주세요'라는 염원을 담아 지은 이름입니다. 그런데 한창 예배가 진행되는 중에 갑자기 토네이도가 덮쳤습니다. 엄청난 회오리바람으로 커다란 나무를 뿌리째 뽑고 자동차와 집까지 날려버리는 토네이도가 하필 한창 예배를 드리고 있던 오전 11시 반경에 고센연합감리교회를 덮쳤습니다. 교회 건물은 순식간에 무너져내렸고 전체가 아수라장이 되었습니다. 어른과 아이를 포함해 무려 열일곱 명이 현장에서 목숨을 잃었고, 세 명은 병원에서 숨을 거두었습니다. 그 교회 담임목사였던 케리 크렘의 딸도 현장에서 숨졌습니다.

세상에는 나쁜 짓 하는 장소도 많고 많은데 하필 왜 예배드리던 그곳에 토네이도가 덮쳤을까요? 왜 수십 명의 교인들이 목숨을 잃어야 했을까요? 혹시 그들이 은밀한 죄를 집단적으로 짓고 있었던 것은 아닐까요? '교회 이름이나 그렇게 짓지 말지' 하는 생각도 듭니다.

마음에 새길 것은, 하나님이 고센 땅을 구별하신 이유가 무조건적인 보호에 있지 않다는 사실입니다. 사람들은 흔히 교회를 세상과 구별된 고센 땅이라고 생각합니다. 그러나 교회는 하나님이 무조건 보호하시는 곳이라는 의미의 고센 땅이 결코 아닙니다. 세상에는 엄청난 수의 교회들이 있습니다. 그 가운데 문을 닫는 교회들이 속출합니다. 에베소교회와 예루살렘교회조차 지금은 그 흔적을 찾을 수 없습니다.

그 어떤 교회들보다 중요한 교회가 바로 예루살렘에 있던 하나님의 성전입니다. 그런데 하나님은 그곳의 파괴를 허락하셨고, 다시는 그 자리에 성전을 재건할 수도 없게 만드셨습니다. 현재 그 자리에는 회교 사원이 자리하고 있기 때문에 그곳에 하나님의 성전을 재건하려고 했다가는 3차 세계대전이 일어날 것입니다.

하나님이 그렇게 하신 데는 분명한 목적이 있습니다. 하나님의 성전에 대한 집착을 버리고 더 멀리, 더 높게, 더 깊이, 더 크게 보라는 뜻입니다. 기독교의 본질을 실현하라는 뜻입니다.

교회가 방주나 고센 땅이라는 생각에서 벗어나야 합니다. 교회는 하나님의 제사장을 키우는 학교요, 병든 이들의 영혼을 회복시키는 병원이며, 굶주린 자를 먹이는 구호소이고, 때로는 지친 심신을 쉬게 하는 휴양소입니다. 그래야 교회의 본질을 회복하고, 하나님이 주시는 '진짜 복'을 받고 누릴 수 있습니다.

새로움이란 새로운 시각으로 사물을 바라보는 것이며, 그럴 때 우리는 비로소 새로운 발견을 하게 됩니다. 고난과 역경을 새로운 시각, 즉 영적 차원에서 바라보면 그만큼 가치 있는 것도 없습니다. 고난과 역경은 하나님의 백성을 단련시키고, 그 그릇을 깨끗케 하며 크게 만드는 훌륭한 수단이 됩니다.

진정한 예배란 영원한 하나님을 만나서 알고 그분의 뜻을 깨닫는 것입니다. 진정한 예배에는 고난과 역경을 생명의 훈련으로, 권태와 안일함을 감사와 생동감으로 바꾸는 힘이 있습니다. 예배를 통하여 죽음 너머의 세계 역시 하나님이 관장하시며, 그곳에서 영과 영으로서 하나님을 만날 수 있음을 알게 됩니다.

　진정한 예배가 있는 곳, 그곳이 바로 모든 재앙과 저주와 두려움이 비켜가는 고센 땅입니다. 삶 자체가 하나님을 향한 예배가 되길 바랍니다.

9강 | 출애굽기 9:20-21

제대로
반응하셔야죠

이집트에 내린 아홉 재앙들은
이제라도 돌이키라는 하나님의 애정 어린 경고였습니다.
그럼에도 자기에게 남은 것만 계산하며
돌아서지 않은 파라오 같은 교인들이 오늘날 얼마나 많은지 모릅니다.

출애굽기 9강

"죽을 때 한 가지 생각만 가지고 간다"는 말을 들어보신 적 있습니까? '죽음학Thanatology'의 효시로 알려진 엘리자베스 퀴블러 로스는 1968년에 약 200여 명의 말기 환자들을 면담했습니다. 죽음 앞에 선 사람의 심리 상태를 알아보기 위해서였습니다. 그 결과 사람들이 죽음에 반응하는 단계를 밝혀냈습니다. 부정, 분노, 협상, 우울, 수용. 처음에는 자신이 죽는다는 사실을 부정합니다. 그러다가 "왜 하필 나인가?" 하며 분노합니다. 그 다음에는 "살려주시면 좋은 일 많이 하겠습니다"라고 협상합니다. 그래도 나아지지 않으면 우울증에 빠집니다. 그러다가 마침내 죽음을 수용합니다.

  모든 사람이 이 순서대로 반응하는 것은 아닙니다. 어떤 이들은

제대로 반응하셔야죠

죽음을 부정하는 단계에서 죽습니다. 어떤 이들은 분노의 단계에서, 협상의 단계에서, 우울의 단계에서 죽음을 맞이합니다. 죽음을 하나님의 뜻으로 평안하게 받아들이고 감사하면서 마지막을 잘 정리하고 가는 경우는 드문 편입니다.

죽음을 제대로 받아들이지 못한다면 마지막 생각이 분노나 한이 될 것입니다. 그 마지막 생각으로 사후의 삶이 결정된다면 문제가 심각합니다. 비단 죽음의 문제만 그런 게 아닙니다. 살아가는 순간 순간마다 어떻게 반응하느냐에 따라서 우리의 인생이 결정된다는 사실을 명심하십시오.

하나님이 이집트 땅에 열 가지 재앙을 내리실 때마다 파라오는 하나님께 반응했습니다. 반응은 각각 달랐고 그 정도가 더해갔습니다. 파라오가 보인 반응의 변화를 따라가 볼 필요가 있습니다. 하나님에 대한 반응은 곧 파라오의 인생을 결정하는 것이었기 때문입니다. 파라오의 반응이 어떻게 변해가는지 각자의 마음자리와 비교해보십시오.

모세가 지팡이로 나일 강을 피로 만들자 파라오는 무당과 술객들에게 모세와 같은 기적을 행하도록 명령합니다. 그들도 나일 강을 피로 물들입니다. "바로가 돌이켜 궁으로 들어가고 그 일에 관

심을 가지지도 아니하였고." 파라오는 왕궁으로 돌아가면서 속으로 생각했을 것입니다. '별거 아니잖아!'

개구리 재앙 때 파라오의 술객들도 개구리를 하수에서 올라오게 할 수는 있었으나 되돌려 보내지는 못했습니다. 개구리 재앙을 견디다 못한 파라오는 모세에게 약속합니다. "좋다. 이스라엘 백성들을 광야로 보내어 하나님께 예배드릴 수 있도록 허락하겠다." 모세는 그 말을 듣고 개구리들을 되돌려 보냅니다. "그러나 바로가 숨을 쉴 수 있게 됨을 보았을 때에 그의 마음을 완강하게 하여 그들의 말을 듣지 아니하였으니 여호와께서 말씀하신 것과 같더라"(출 8:15). 파라오는 문제가 해결되자 약속을 지키지 않고 원점으로 돌아갑니다.

많은 사람들이 문제가 생기면 하나님께 매달리지만 정작 문제가 해결되고 나면 파라오처럼 원점으로 돌아갑니다.

이의 재앙이 내릴 때 파라오는 그것이 '하나님의 권능'임을 알았습니다. 그럼에도 여전히 하나님께 돌아서지 않습니다. 그러자 파리 재앙이 고센 땅을 제외한 온 이집트 땅에 내립니다. 파리 재앙에 파라오는 마음이 흔들렸습니다. 그래서 이스라엘 백성들이 여호와께 예배를 드리도록 허락합니다. 단, 조건을 붙입니다. 멀리 가지 말고 그냥 살던 곳에서 예배를 드리라는 것입니다.

"내가 너희를 보내리니 너희가 너희의 하나님 여호와께 광야에서 제사를 드릴 것이나 너무 멀리 가지 말라. 그런즉 너희는 나를 위하여 기도하라"(출 8:28).

"그런즉 너희는 (너희 하나님께) 나를 위하여 기도하라." 언뜻 보기에 파라오가 대단한 변화를 보인 것 같지만 실은 아닙니다. 목회자인 저는 기도해달라는 부탁을 가장 많이 듣습니다. 물론 기도에 힘을 합치자는 뜻으로 하는 부탁이겠으나 목사가 영적 능력이 더 높을 것이라고 생각해서 기도를 부탁해오는 경우가 대부분입니다. 그런 부탁은 무당에게나 할 것입니다.

참 신앙은 여호와를 '너희 하나님'이 아닌 '나의 하나님'으로 모실 때 생겨납니다. 기도는 나와 하나님과의 대화입니다. 지금 파라오는 그저 하나님과 협상을 하고 있을 뿐입니다.

모세는 그의 제안을 단호히 거절합니다.

"우리가 사흘 길쯤 광야로 들어가서 우리 하나님 여호와께 제사를 드리되 우리에게 명하시는 대로 하려 하나이다"(출 8:27).

성경에서 사흘 길은 중요한 의미를 갖습니다. '사흘 길'이란 완전한 구별을 상징하는 날수입니다. 예수님도 사흘 만에 부활하셨습니다. 성도들은 분명히 구별되어야 합니다. 그저 잠시 짬을 내어서 예배드리고 시간 없으면 그만두는 것은 예배라고 할 수 없습니다. 일상에 몸담고 있을지라도 하나님과 독대하는 시간은 완전히 구별되어야 합니다. 세상과 너무 멀리 떨어질세라 적당히 타협하는 삶은 파라오의 삶과 다를 바 없습니다.

파라오가 하나님의 존재를 알게 된 후에도 모세의 요구를 계속 거부하자 하나님은 전염병으로 가축을 몰살하는 재앙을 내리십니다. 이 다섯 번째 재앙은 가축 형상의 신 '하돌'과 '아피스'를 치신 것입니다. 황소나 가축을 신의 반열에 올려서 섬기는 행태는 어느 문화에나 있습니다. 가축은 곧 부와 번영을 뜻하기 때문입니다.

예전에는 별로 볼 수 없었으나 요즈음 부쩍 흔해진 현상이 있습니다. 가축이 병에 걸려 몰사하는 일입니다. 백 단위, 천 단위로 죽는 게 아닙니다. 방치했다간 전국의 가축들이 죽고 그 병이 다른 나라로 확산됩니다.

그런 재앙을 맞은 파라오의 반응은 어떠했습니까? "바로가 사람을 보내어 본즉 이스라엘의 가축은 하나도 죽지 아니하였더라. 그러나 바로의 마음이 완강하여 백성을 보내지 아니하니라"(출 9:7).

파라오가 왜 그랬는지 궁금증을 마음에 두고 계속 그의 반응을 살펴봅시다.

여섯 번째 재앙은 악성 종기의 재앙입니다. 사람과 가축 모두에게 악성 종기가 생겼습니다. 파라오의 술객들도 악성 종기 때문에 출근하지 못했습니다. 이 여섯 번째 재앙은 질병의 수호신 '타이폰' 과 의술의 신 '임호텝' 에 대한 무력화입니다.

요즈음 가축들이 집단 발병할 때 가장 우려되는 것이 인간에게 감염되는 것입니다. 광우병, 사스, 신종 인플루엔자 등 그 종류를 헤아릴 수도 없습니다. 가히 현대판 대재앙이 아닐 수 없습니다.

그래도 파라오는 하나님께로 돌아오지 않았습니다. 그래서 내린 벌이 우박의 재앙입니다. 이 우박 재앙에는 특징이 있습니다. "내일 이맘때면 내가 무거운 우박을 내리리니 애굽 나라가 세워진 그 날로부터 지금까지 그와 같은 일이 없었더라"(출 9:18). 다시 말해서, 겪어보지 못한 최대의 재앙이라는 것입니다.

지름 30㎝짜리 우박이 상상됩니까? 그런 크기의 우박이 쏟아지니 농산물과 가옥과 가축 등의 재산 피해와 인명 피해가 나는 게 당연합니다. 경상북도 선산과 내정에서 우박에 맞아 사람이 숨진 일이 있습니다. 우박에 대형 여객기의 앞부분이 완전히 날아간 일도 있습니다. 문제는 지구가 온난화 되면서 기상이변으로 우박 피해의 횟수와 강도가 점점 높아지고 있다는 것입니다. 정말 '지금까지 그와 같은 일이 없었습니다.'

여기서 눈여겨볼 것은, 이러한 경고가 발하자 이집트에 중요한 변화가 일기 시작한 것입니다.

"바로의 신하 중에 여호와의 말씀을 두려워하는 자들은 그 종들과 가축을 집으로 피하여 들였으나 여호와의 말씀을 마음에 두지 아니하는 사람은 그의 종들과 가축을 들에 그대로 두었더라"(출 9:20-21).

무슨 말입니까? 하나님 말씀을 경청하는 이집트 사람들이 생기기 시작했다는 것입니다. 중요한 변화입니다. 그런데 파라오는 어떤 반응을 보입니까?

"그러나 왕과 왕의 신하들이 여호와 하나님을 아직도 두려워하지 아니할 줄을 내가 아나이다. 그때에 보리는 이삭이 나왔고 삼은 꽃이 피었으므로 삼과 보리가 상하였으나 그러나 밀과 쌀보리는 자라지 아니한 고로 상하지 아니하였더라"(출 9:30-32).

파라오는 계속되는 재앙 앞에서 마음속으로 계산을 해봅니다. '보리와 삼은 망쳤지만 밀과 나맥은 남아 있으니 아직도 기댈 데가 있다'는 것입니다. 아직 버틸 만하다는 것입니다.

현인은 다른 이들의 경험에서 배우고, 범인은 자기 경험에서 배우며, 바보는 누구의 경험에서도 배우지 못하는 법입니다. 파라오는 당시 최고의 문명국인 이집트의 통치자였지만 바보였습니다.

얼마나 많은 사람들이 이처럼 어리석음의 감옥에 갇혀 있는지 모릅니다. 교인들 중에도 하나님의 경고와 징계를 받으면서 여전히 남은 것만 계산하며 돌아서지 않는 이들이 있습니다. '아직은 집과 재산이 남아 있으니까 괜찮다'라고 생각하며 버팁니다.

여덟 번째 재앙은 메뚜기 재앙입니다. 하나님은 메뚜기를 보내어 밭에 남아 있는 밀과 나맥의 싹까지 남김 없이 거두어가십니다. "메뚜기가 온 땅을 덮어 땅이 어둡게 되었으며 메뚜기가 우박에 상하지 아니한 밭의 채소와 나무 열매를 다 먹었으므로 애굽 온 땅에서 나무나 밭의 채소나 푸른 것은 남지 아니하였더라"(출 10:15).

메뚜기 재앙을 당하고 나서 파라오는 어떻게 반응합니까? "바라건대 이번만 나의 죄를 용서하고 너희의 하나님 여호와께 구하여 이 죽음만은 내게서 떠나게 하라"(출 10:17).

드디어 파라오가 두 손을 드는 것처럼 보입니다. 그런데 하나님이 강렬한 서풍으로 메뚜기를 홍해에 몰아넣으시자 그의 마음이 다시 완악해졌습니다.

그러자 아홉 번째 재앙이 들이닥칩니다. 흑암의 재앙입니다.

현대 과학은 태양이 단순히 수소 덩어리임을 밝혀냈습니다. 무슨 태양을 섬기나 하겠지만 현대인들 역시 열렬히 태양을 섬깁니다. 일본의 국기에는 아예 태양이 그려져 있습니다. 세계에서 가장 보편적인 신은 다름 아닌 태양입니다.

왕은 어떤 사람입니까? 그는 왜 그토록 땅에 집착할까요? 땅에서 곡식이 나기 때문입니다. 곡식은 태양이 있어야 자랍니다. 토지를 많이 소유했다는 것은 권력을 가졌고, 태양을 소유했다는 뜻입니다. 그 사람이 곧 왕이며 황제입니다. 그래서 왕들은 모두 자기가 태양의 아들이라고 자처합니다. 그러므로 흑암의 재앙은 파라오의 영적 아버지, 이집트 최고의 신이었던 태양신 '라'를 제압한 것입니다.

이집트 최고의 신마저 흑암에 결박당하자 꼼짝 못하게 된 파라오는 모세를 부릅니다.

"너희는 가서 여호와를 섬기되 너희의 양과 소는 머물러 두고 너희 어린 것들은 너희와 함께 갈지니라"(출 10:24).

파라오는 여전히 이스라엘 백성들을 보내기를 꺼리고 있습니다. 노예는 곧 재산이기 때문입니다. 그래서 양과 소는 두고 어린이들만 데리고 가라고 합니다. 광야에서 어린이들은 짐만 되기 때문입니다.

지금까지 아홉 가지 재앙에 대해 공부했습니다. 재앙을 당하면서 파라오는 지금까지 의지해왔던 신들이 맥없이 무너지는 것을 보고 하나님이 얼마나 강력한 분인지 깨닫습니다. 그럼에도 계속

하나님과 협상하려고 합니다. 그 협상의 포인트는 무엇입니까?

돈입니다. "아직은 괜찮아. 보리가 남아 있잖아."

메뚜기가 보리 싹까지 먹어치우자 그는 이렇게 생각합니다. '가족을 인질로 잡아두고 며칠 말미를 주자. 제사 지내고 나서 돌아오겠지', '가축을 두고 가라면 갔다가 돌아오겠지.'

그의 머릿속에는 오직 자신의 부와 권력만 가득 들어차 있습니다. "나를 위해 너희 하나님께 기도하라", "가는 것을 허락하지만 돌아와라." 무슨 말을 해도 그가 여전히 의지하고 있는 것은 자신의 부와 권력입니다. 태양신도 결코 아닙니다. 하나님은 더더구나 아닙니다.

사도 바울은 파라오의 이와 같은 행태를 다음과 같이 정확히 진단합니다.

"하나님을 알되 하나님을 영화롭게도 아니하며 감사하지도 아니하고 오히려 그 생각이 허망하여지며 미련한 마음이 어두워졌나니 스스로 지혜 있다 하나 어리석게 되어 썩어지지 아니하는 하나님의 영광을 썩어질 사람과 새와 짐승과 기어 다니는 동물 모양의 우상으로 바꾸었느니라"(롬 1:21-23).

여러 재앙을 보면서 마음에 새길 점이 있습니다. 지금까지의 재앙은 하나님의 경고였다는 점입니다. 경고는 아직 늦지 않았다는 뜻입니다. 경고 역시 오래 참으시는 하나님의 사랑에서 나온 것입니다.

죽음을 눈앞에 둔 사람들은 세 종류로 나뉩니다.

첫째, 숨이 끊어질 때까지 삶에 집착하는 사람입니다. 중환자실에서 제 손을 붙잡고 살려달라고 애원하던 분이 있었습니다. 목사인 저를 하나님의 대리인으로 생각했던 것 같습니다. 말을 하지 못하므로 제게 쪽지를 한 장 쥐어주었습니다. 거기에는 "사위에게 얘기해서 나를 꼭 살려주시오"라고 적혀 있었습니다. 사위가 돈이 많았던 모양입니다. 살려고 얼마나 몸부림을 쳤던지 끝내는 앞니가 모두 부러지고 말았습니다. 지금까지 본 죽음 중에서 가장 가련해 보이고 또 안타까웠습니다.

둘째, 될 대로 되라며 삶 자체를 포기하는 사람입니다. 죽을 병에 걸렸어도 약도 잘 챙겨 먹지 않고 의사가 금한 일을 서슴없이 행합니다. 엉치뼈가 녹아내려 잘 걷지도 못할 정도로 말기암 환자였던 한 50대 남자는 아내가 집을 비운 사이 평소에 잘 가던 과천 경마장에 다녀왔습니다. 그러고 나서 너무나 속상해 하는 아내에게 한 말은 "이것도 없으면 무슨 낙으로 사냐?"는 것이었습니다. 이미 도박으로 많은 빚까지 진 이 사람은 자신의 병을 도박의 구실로 삼은 것입니다.

셋째, 죽음을 수용하는 사람입니다. 마침내 억울함과 공포를 거둬내고 죽음을 하나님의 뜻으로 받아들입니다. 그리고 담담함으로, 때로는 기쁨으로 죽음을 맞이합니다.

한 권사님은 여러 번 죽을 고비를 넘겼습니다. 자그마한 체구인데도 그 고통스러운 항암 치료를 잘도 견뎌냈습니다. 너무 아파하는 모습을 보이면 성도로서 덕이 되지 않는다는 것이었습니다. 그렇게 다시 살아나기를 수차례, 그러던 어느 날 그분은 이렇게 말씀하셨습니다. "목사님, 이제는 하나님께 가야겠어요. 사람들에게 몹쓸 짓을 하는 것 같아요." 그 이후 권사님은 완전히 달라졌습니다. 주변을 차근차근 정리하기 시작했습니다. 그동안 소원했던 사람들에게 전화를 걸어 용서를 구하고, 무엇보다 가족과의 사랑을 회복했습니다. 그리고 조용히 임종 예배를 드리고 하나님께로 돌아갔습니다. 좀처럼 보기 힘든, 참 편안한 임종의 모습이었습니다.

"삶은 곧 죽음이고, 죽음은 곧 사는 것"입니다. 그런데 죽음이 더 중요합니다. 제대로 된 죽음을 준비하는 사람은 언제나 성장합니다. 요즈음 말마따나 업그레이드됩니다. 신앙의 본질은 복된 죽음에 있습니다. 복된 죽음은 제대로 산 사람에게 주시는 하나님의 선물입니다.

"그러므로 하나님께서 그들을 마음의 정욕대로 더러움에 내버려두사 그들의 몸을 서로 욕되게 하게 하셨으니 이는 그들이 하나님의 진리를 거짓 것으로 바꾸어 피조물을 조물주보다 더 경배하고 섬김이라"(롬 1:24-25).

파라오는 수없이 경고를 받으면서도 한 치도 성장하지 못했습니다. 자신이 원하는 대로, 정욕대로 살았고 마침내 심판을 받았습니다. 삶과 부와 권력에 대한 집착 때문에 도저히 헤어나오지 못할 수렁에 빠져들었습니다.

학자들은 모세와 겨루었던 이집트 파라오를 라암셋 2세로 보고 있습니다.

요즈음 이집트는 잃어버린 자신들의 문화재를 돌려받는 일에 많은 노력을 기울이고 있습니다. 그 결실로 이집트 파라오 라암셋의 미라가 미국 박물관에서 이집트 박물관으로 이양되었습니다. 이집트는 자신들의 문화재를 되찾았다고 좋아했고, 앞으로 자국의 찬란한 유물들을 돌려받는 일에 매진하겠다는 가멸찬 다짐을 했습니다. 그것은 의미 있는 일임에 틀림없습니다.

그런데 황량한 벌판에 서 있는 피라미드와 여전히 박물관 진열대에 누워 있는 라암셋의 미라를 보면서 상념에 젖게 되는 이유는 무엇일까요? 제 눈에 그것은 찬란한 문명의 흔적이 아니라 삶에 끝없이 집착한 쓸쓸한 증거들로 보입니다.

이 땅에 왔다 간 흔적을 남기기 위해 몸부림치고 있는 것은 아닌지요?

"그런즉 너희가 먹든지 마시든지 무엇을 하든지 다 하나님의 영광을 위하여 하라"(고전 10:31).

인간의 충성 따위는 전혀 필요 없이 자존하시는 하나님이 자신을 위해서 그렇게 말씀하신 것은 분명 아닐 것입니다.

출애굽기 12:7-8 | **10**강

Exodus

새롭게
살고 싶지 않니?

유월절을 시작으로 이스라엘 백성은 새로운 시간,
하나님의 시간을 살게 되었습니다.
십자가의 은혜를 믿고 의지하며 순종할 때
우리의 시간에도 신비한 변화가 일어나기 시작합니다.

애굽기 10강

한 소년이 범상치 않아 보이는 사람에게 이상한 단추를 하나 얻었습니다. 어려운 일이 있을 때마다 그 단추를 돌리면 어려움이 지나버린다고 했습니다. 어느 날 소년의 아버지는 소년을 불러 산더미처럼 쌓여 있는 목초를 창고에 들여놓으라고 했습니다. 너무나 힘들고 지겨운 일이었습니다. 그래서 소년은 시험 삼아 그 단추를 돌려보았습니다. 그러자 놀라운 일이 일어났습니다. 어느 틈엔가 자신이 경치 좋은 강가에서 낚시를 하고 있는 것이었습니다.

신이 난 소년은 낚시에 몰두했습니다. 그런데 어찌된 일인지 고기가 한 마리도 잡히지 않았습니다. 지루해진 소년은 또 단추를 돌렸습니다. 그러자 지루한 시간이 순식간에 지나고 어망에는 고기가 가득했습니다. "오호, 이것 봐라."

　소년은 잡은 물고기를 들고 집으로 돌아왔습니다. 그런데 집에서는 난리가 나 있었습니다. 그새 며칠이 지나버린 것이었습니다. 노발대발한 아버지가 몽둥이를 들고 쫓아오는 순간 소년은 단추를 홱 돌렸습니다. 그러자 그는 어느 낯선 거리에 서 있었습니다. 그토록 떠나고 싶던 집을 떠나온 것이었습니다. 낯선 도시 생활은 어렵고 힘든 일이 많았습니다. 소년은 그럴 때마다 단추를 돌렸고, 그때마다 원하는 자리에 와 있었습니다.

　소년은 조금만 지루하거나 힘들거나 위험하거나, 심지어 조바심 날 때도 참지 못하고 단추를 돌려댔습니다. 그러다 허물어진 고향 집에 초라한 노인으로 앉아 있는 자신을 발견했습니다. 불과 몇 달 만에 일어난 일이었습니다.

　인생이란 '걸, 걸' 하다가 끝나는 것이라고 합니다. "그때 그럴걸." 또 흔히 하는 말이 있습니다. "10년만 젊었어도…."

　정말 10년만 젊으면 잘 살 수 있을까요?

　지금 40대는 특별한 사고나 병이 없는 한 백 살까지 산다고 합니다. 50대도 아흔 살까지는 산다고 합니다. 오래 산다니 좋습니까? 저는 오히려 걱정이 앞섭니다. 그 긴 세월을 제대로 살기 위해서는 준비를 해야 합니다. 의학의 발전으로 많은 사람들이 그토록 원하는 10년을 더 갖게 되었습니다. 그에 대한 준비는 '10년만 젊었어도'라는 생각을 접고 새롭게 시작하는 것입니다. 노후를 위한 저축도 중요하지만 가장 기본이 되는 것이 있습니다. 그 얘기를 한번 해봅시다.

어떻게 하면 진짜로 새로운 삶을 시작할 수 있을까요?
"이달을 너희에게 달의 시작 곧 해의 첫 달이 되게 하고"(출 12:2).

하나님은 이집트 땅에 무시무시한 아홉 가지 재앙을 내리고 난 다음 이스라엘 백성에게 "이달을 너희에게 해의 첫 달이 되게 하라"고 명령하셨습니다. 한마디로 말해서, 지금까지의 삶은 무효라는 것입니다.

아무리 떵떵거리고 살았어도, 아무리 바닥을 헤매며 살았어도 여태까지의 삶은 모두 무효라는 것입니다. 이 선언은 이제 '새로운 시간', 곧 하나님의 시간이 공식적으로 시작되었음을 알리는 신호입니다.

새로운 삶을 살기 위해서는 하나님이 지시하시는 것을 차근차근 따라해야 합니다. 한번 따라가 봅시다.
"너희는 이스라엘 온 회중에게 말하여 이르라. 이달 열흘에 너희 각자가 어린 양을 취할지니 각 가족대로 그 식구를 위하여 어린 양을 취하되"(출 12:3).

양 한 마리를 고르라고 합니다. 1년 된 흠 없는 숫양이어야 합니다. 하여튼 아버지는 영문도 모르고 1년 된 흠 없는 숫양을 고릅니다. 그 양을 나흘 동안 집안에 들여서 식구들과 함께 살고 있는데 하나님이 다시 명령하십니다. 해질녘에 그 양을 잡아서 피를 그릇에 받고는 우슬초에 피를 적시어 문 인방과 좌우 설주에 뿌리라는 것입니다. 우슬초는 벽이나 담 위에 자라는 향기 짙은 작은 식물인데, 이것을 한 다발로 묶어 붓처럼 사용합니다. 그리고 누룩을 넣지 않아 아무 맛도 없이 딱딱한 무교병과 쓴 나물을 먹고, 피를 완전히 뺀 양고기는 구워서만 먹어야 합니다. 여기에 또 조건이 붙습니다. 아침까지 남기지 말고 다 먹고, 먹을 때에도 허리에 띠를 띠고 발에 신을 신고 손에 지팡이를 잡고 급히 먹으라고 하십니다.

뭐가 이렇게 번거롭고 복잡한 것일까요? 하나님은 점점 모를 일만 하라고 명하십니다. 그런데 그렇게 하라고 하신 이유가 뒤따라 나옵니다.

"내가 애굽 땅을 칠 때에 그 피가 너희가 사는 집에 있어서 너희를 위하여 표적이 될지라. 내가 피를 볼 때에 너희를 넘어가리니 재앙이 너희에게 내려 멸하지 아니하리라"(출 12:13).

뭔가 심상치 않은 일을 앞두고 있는데, 현관문 기둥과 인방에 바른 피가 표적이 된다는 것입니다. 이스라엘 백성들은 그 명을 따르기로 했습니다. 1년 된 어린 양을 집안으로 들이자 무엇보다도 아이들이 좋아했습니다. 그러나 며칠 후 그 양을 잡으려 하자 울고불고 난리가 납니다. 그러나 하나님의 명령인데 어떻게 하겠습니까? 피를 받아 명령대로 칠하고 고기를 구워서 먹자고 내놓으니 아이들이 먹지 않습니다. 더군다나 딱딱한 무교병과 쓴 나물을 함께 먹으라니 도리질을 칠 뿐 손도 대지 않습니다. 영악한 아이는 왜 이렇게 하냐고 묻지만 아버지도 영문을 알 수 없고, 다만 하나님의 명령이라고 답할 뿐입니다.

이렇게 복잡하고 이해할 수 없는 일들과 새 달이 되는 것은 도대체 무슨 상관이 있는 것일까요? 분명한 것은, 그 일이 결코 하찮지 않고 정말 중요하기 때문에 하나님이 자세하게 명령하셨다는 것입니다.

다시 처음으로 돌아가서 전체를 훑어봅시다.

지금까지 아홉 가지 재앙이 이집트 땅에 내릴 때 하나님은 이스라엘 백성들이라면 무조건 보호해주셨습니다. 그러나 열 번째 마지막 심판을 앞두고는 사정이 전혀 다릅니다. 이제부터는 이스라엘 백성이냐 아니냐가 구원의 조건이 아니라, 하나님을 믿고 그 명령에 순종하느냐에 마느냐에 따라 구원이 결정됩니다.

구원이 이제 '신분의 문제'를 떠나 '믿음과 순종의 문제'가 된 것입니다.

그날 밤 하나님의 천사는 이집트에 내려와서 오직 문설주와 인방에 칠해진 피만 확인했습니다. 하나님의 명령대로 피가 칠해져 있으면, 설령 그 집에 이집트 사람이 살고 있다고 해도 심판을 면했고, 피가 칠해져 있지 않는 집은 이스라엘 사람이 살고 있다고 해도 심판을 받았습니다.

유월절遊越節은 '6월 달에 있는 절기'가 아닙니다. 지나고 넘어간 날, 즉 pass-over한 날입니다.

새 인생을 살고 싶습니까? 먼저 하나님의 명령에 순종하십시오. 비록 이해할 수 없어도 하나님이 하라는 대로 행하는 것이 새 인생, 새 시간의 시작입니다. 시작하는 것만으로는 충분치 않습니다. 그 명령에 담긴 뜻을 깨달아야 합니다. 그것도 올바로 깨달아야 합니다. 바리새인들은 누구보다 철저히 명령을 실행했지만 그 뜻을 오해했기 때문에 실패한 삶을 살고 말았습니다. 복잡한 유월절 제사에 과연 어떤 뜻이 담겨 있는지 알아봅시다.

이렇게 시작된 첫 번째 유월절 제사는 그 개념이 완전히 새롭습니다. 그 새롭고도 깊은 뜻을 이해하기 위해서는 먼저 다른 신들을 위한 제사에 대하여 알아야 합니다.

이 세상에는 수많은 신들이 있고, 사람들은 저마다의 신들을 위해 제사를 지냅니다. 그 신이 누구이든, 제사의 형식과 절차가 어떠하든 본질은 하나입니다. "이 제사를 받고 제게 복을 내려주세요", "정성껏 마련한 제사를 받고 모든 불행과 액운을 막아주세요"입니다. 한마디로 제사는 '신에게 바치는 뇌물'인 셈입니다.

그러나 유월절 제사는 그 본질부터 전혀 다릅니다. 유월절 제사는 '하나님을 위한 제사'가 아니라 그 '백성을 위한 제사'입니다. 1년 된 흠 없는 숫양은 하나님께 바치기 위한 제물이 아니라 사람들의 죄를 대속하기 위한 제물입니다. 전적으로 사람들의 구원을 위해 문설주와 인방에 바를 피를 얻기 위한 제물입니다. 이것이 핵심 중의 핵심입니다.

그 핵심을 모르면 하나님은 다른 신들과 같은 수준으로 떨어지고 맙니다. 그 본질을 모르면 하나님은 알라나 부처, 바알과 전혀 다름없게 됩니다. 십일조는 복채로 전락하고, 목사는 무당 대접을 받게 됩니다.

이미 설명했지만 기독교의 사랑과 불교의 자비는 같은 것이 아닙니다. 기독교의 사랑은 '하나님의 사랑'인 반면에, 불교의 자비는 '인간의 자비'를 말합니다. 다른 사람에게 자비 베푸는 행위를 적선이라고 말합니다. 선을 쌓는 것입니다. 왜 쌓습니까? 선을 많이 쌓으면 그것이 공적이 되어 윤회의 굴레를 벗어나 부처가 될 수 있기 때문입니다. 적선은 인간의 공적, 인간이 스스로를 구원하는 의를 말합니다.

절마다 복전함福田函이란 것이 있습니다. 복전, '복을 일구는 밭'이라는 뜻입니다. 정성스런 시주가 곧 복을 일구는 행위입니다. 즉 불교의 자비는 제사의 또 다른 형태로서 인간의 공적을 의미합니다. 사실 인간의 공적이 무가치하지 않습니다. 대단히 중요합니다. 그러나 공적을 많이 쌓는다고 해서 구원받는 것은 아닙니다. 그 공적의 커트라인은 얼마입니까? 누가 그 기준을 결정합니까?

기독교의 순교는 이슬람교의 그것과 본질적으로 다릅니다.

극렬한 이슬람 교도들은 온몸에 폭탄을 감고 테러를 감행합니다. 그것을 알라 신을 위한 순교라고 생각합니다. 천국을 보장하는 가장 고귀한 행위라고 가르칩니다. 그러나 기독교의 순교는 그런 게 아닙니다. 나를 죄에서 구원하고 영원한 생명을 주신 하나님을 그 누구보다 믿고 사랑하는데, 그 믿음과 사랑을 버리지 않으면 죽이겠다고 위협하니 절대로 버릴 수 없어 기꺼이 죽음을 택하는 것입니다. 스데반이 그랬고, 수많은 그리스도의 제자들이 그랬습니다.

이스라엘 백성들이 실패한 이유가 무엇입니까? 율법을 철저히 지킴으로써 스스로를 구원하는 의 쌓기를 신앙생활의 본질로 삼았기 때문입니다. 그 율법주의가 예수님을 거부하고 십자가에 못 박았습니다. 사도행전에서 보듯이 사도 바울은 목숨을 걸고 이 율법주의와 싸웠습니다. 유대인들이 여호와 하나님을 섬기는 방식이나 불교도들이 부처를 섬기는 방식이나 본질상 같았습니다. 그래서 하나님은 유대교를 버리셨습니다.

어떤 사람이 길을 가다가 한 노예가 주인에게 매 맞는 모습을 봅니다. 그는 노예가 너무나 불쌍해서 값을 치르고 주인으로부터 노예를 샀습니다. 포악한 주인으로부터 벗어난 노예는 너무나 기뻐서 새 주인을 따라가려 합니다. 그러자 그 사람이 이렇게 말합니다. "이제부터 당신은 자유입니다."

그 말을 들은 노예는 믿을 수 없습니다. 한 번 노예는 영원한 노예인데 그 굴레를 벗어난 것입니다. 노예는 자유롭게 살아가면서 자신에게 자유를 준 그 사람을 잊지 못합니다. 그의 깊고 깊은 사랑을 잊지 못합니다. 그래서 자신도 다른 사람에게 자유를 주고,

다른 사람을 살리며 살아가기로 결심합니다. 한때 노예였던 그의 도움으로 살아난 또 다른 사람이 그에게 머리 숙여 감사하다고 말합니다. 그러자 노예였던 그는 예전에 자신을 살려준 사람의 이야기를 하며 그에게 감사하라고 말합니다.

유월절 제사에는 그러한 하나님의 사랑이 고스란히 담겨 있습니다. 하나님은 이집트 파라오라는 포악한 주인에게 매 맞고, 죄의 사슬에 묶여 고생하던 이스라엘 백성을 불쌍히 여겨 유월절의 어린 양을 대속 제물로 삼아 그들을 구원하셨습니다. 그에 대한 대가는 전혀 요구하지 않으십니다. 다만 그 구원의 길을 믿고 따르라고 하십니다.

유월절은 '구약의 십자가 사건' 입니다. 우리 주 예수 그리스도는 유월절의 어린 양으로 이 땅에 오셨습니다. 세례 요한이 예수님을 향해 소리칩니다. "보라, 세상 죄를 지고 가는 어린 양이로다" (요 1:29). 유월절 밤에 피 흘리며 죽어간 양처럼 우리 주 예수 그리스도도 우리를 구원하기 위하여 십자가에서 피를 흘리셨습니다. 그 피는 우리의 죄 사함을 위한 것이었습니다.

유월절을 시작으로 이스라엘 백성은 새로운 시간, 곧 하나님의 시간을 살게 되었습니다. 주 예수 그리스도의 십자가 은총을 믿고 의지하고 순종할 때 우리의 시간에도 신비로운 변화가 일어나기 시작합니다. 십자가의 은혜를 체험한 그 순간부터 나는 새로운 생명으로 재창조되고, 새로운 피조물로 거듭납니다.

마지막으로 기억해야 할 것은, 이스라엘 백성이 그날 밤에 어린 양으로부터 힘을 얻었다는 사실입니다. 어린 양의 피를 발라서 재앙을 면했고, 나아가 온 가정이 어린 양의 고기를 배불리 먹고 이집트를 탈출할 힘을 얻었습니다.

주님이 잡히기 전날 제자들과 함께하셨던 최후의 만찬은 곧 유월절 만찬이었습니다.

"예수께서 떡을 가지사 축복하시고 떼어 제자들에게 주시며 이르시되 받아서 먹으라. 이것은 내 몸이니라 하시고 또 잔을 가지사 감사기도 하시고 그들에게 주시며 이르시되 너희가 다 이것을 마시라. 이것은 죄 사함을 얻게 하려고 많은 사람을 위하여 흘리는바 나의 피 곧 언약의 피니라"(마 26:26-28).

우리 주 예수 그리스도는 우리 죄를 사하는 대속 제물이 되셨을 뿐 아니라 재앙을 벗어나 죄악 된 세상을 탈출할 수 있는 영적 양식이 되어주셨습니다.

아름다울 미美 자를 들여다보면, 양羊 자와 큰 대大 자로 이루어져 있습니다. 아름다운 세상은 양처럼 모든 공격 수단과 책략을 버릴 때, 그리고 나를 다른 사람들에게 모두 내줄 때 이루어집니다.

무엇보다도 양은 성결한 동물입니다. 하나님은 사람들이 죄를 지으면 그 죄를 대신할 양을 제물로 바치라고 명령하셨습니다. 사람들은 양을 제물로 바쳐 죄 사함을 받았습니다. 이것이 구약 시대의 속죄 제사입니다. 그래서 예수님이 이 땅에 오셨을 때 세례 요한은 그분을 향하여 "보라, 세상 죄를 지고 가는 어린 양이로다"라고 외친 것입니다.

의로울 의義 자를 들여다보면 놀라운 진리를 발견할 수 있습니다. 양羊 자 아래 나 아我 자가 있습니다. 양을 머리에 이고 있을 때 의로움이 이루어진다는 뜻입니다. 표의문자인 한자에 가끔 이와 같은 기독교의 진리가 내포되어 있다는 게 신기할 따름입니다.

니키는 캐나다 청년입니다. 그는 분노를 이기지 못하고 아내를 무참하게 살해한 죄로 종신형을 선고 받았습니다. 그런데 감옥에서 복음을 접했습니다. 그리고 하나님이 정해주신 죄 사함의 시스템을 진심으로 믿고 새로운 삶을 시작하기로 합니다. 그는 뭘 할까 고민하다가 통신으로 신학을 공부하고 목사가 되었습니다. 그는 종신형을 받았기 때문에 평생 감옥에서 살아야 했지만, 일요일 낮에는 감옥에서 나와 캐나다 인디언들에게 목회를 하고 밤에 감옥으로 돌아갔습니다. 감옥은 더 이상 그에게 징벌이 아니었습니다.

묵상하기 더없이 좋은 장소였습니다.

  새로움이란 착하게 살아서 얻을 수 있는 게 아니라 내 죄를 대신하여 십자가에 달리신 어린 양 예수를 덧입을 때 비로소 얻는 것입니다.

출애굽기 12:41-42 | **11**강

여호와의 군대라니 당찮아요

오랜 세월 동안 노예로 살았던 이스라엘,
그 오합지졸을 하나님은 하나님만의 전무후무한 방법으로
여호와의 군대로 만드십니다.
그 목적은 우리를 구별해 하나님의 자녀로 부르신 것과 동일합니다.

출애굽기 11강

드디어 이집트의 파라오가 두 손을 번쩍 들었습니다. 장자가 죽었기 때문입니다.

　유월절 명령이 떨어지고 하늘에서 천군천사가 내려와 각 집의 현관문을 살핍니다. 그 문에 양의 피가 칠해져 있지 않으면 들어가 맏아들을 죽였습니다. 파라오의 장자도 그렇게 죽었습니다.

　아홉 번째 재앙으로 파라오의 영적 아버지인 태양신 '라'를 무력화시켰던 것이 기억납니까? 그때도 파라오는 하나님께 항복하지 않았습니다. 그러나 맏아들이 죽자 넋을 잃고 맙니다. 이것이 기복신앙의 필연적인 현상입니다. 예수님의 제자들은 사도 요한만 빼고 모두 순교했습니다. 모두들 예수님을 위하여 자기 목숨마저 기꺼이 버렸습니다. 그렇다고 해서 하나님이 언제나 그들을 지켜주시고, 하나님 자신이 그 무엇보다 강력함을 항상 증명하신 것도 아닙니다. 그럼에도 그들은 순교했습니다.

아무리 파라오가 태양신 '라의 아들'을 자처해도 그것은 허구입니다. 그런데 아들이란 자신의 부귀와 영화를 물려받는 실체입니다. 하나님이 징벌하셨던 신들도 보면 모두 자신과 자신의 집안을 위하여 섬긴 신들입니다. 그 신들과는 아무런 인격적인 관계가 없으므로 그들이 징벌을 당해도 슬프거나 마음이 아프지는 않습니다. 더욱이 그 신들을 위하여 목숨을 버릴 이유가 전혀 없습니다. 또 다른 수호신을 섬기면 되니까요.

그러나 아들의 경우는 다릅니다. 아버지와 아들 사이에는 누구보다 깊은 관계와 진한 감정이 있습니다. 또한 장자는 한 집안을 잇는 가장 중요한 존재이며 자신의 분신입니다. 그런 자가 죽은 것입니다.

파라오의 장자만 죽은 게 아닙니다. "옥에 갇힌 사람의 장자까지와 가축의 처음 난 것을 다 치시매"(출 12:29). 맏아들과 소중한 재산인 짐승까지 죽자 이집트에서 큰 부르짖음이 있었습니다.

망연자실한 파라오는 그 밤에 모세를 불러서 말합니다. "너희와 이스라엘 자손은 일어나 내 백성 가운데에서 떠나 너희

말대로 가서 여호와를 섬기며"(출 12:31).

그렇게 해서 이스라엘 백성들은 한 많던 이집트를 떠나게 됩니다. 그 수가 장정만 60만 정도이므로 모두 합하면 200만 명 정도 될 것이라고 학자들은 추정합니다. 야곱의 식구 70명이 국무총리 요셉의 초청으로 이집트로 이주하고 나서 430년 동안 그렇게 늘어났습니다.

여기서 주목해야 할 구절이 있습니다.
"사백삼십 년이 끝나는 그날에 여호와의 군대가 다 애굽 땅에서 나왔은즉"(출 12:41).

이스라엘 백성을 '여호와의 군대'라고 부른다는 점입니다. 사실 이것은 당찮은 칭호입니다. 이스라엘 백성은 이집트의 노예로서 군사 훈련을 한 번도 제대로 받은 적이 없는 오합지졸들인 반면에, 이집트의 군대는 당시 세계 최강이었습니다. 그럼에도 오합지졸 이스라엘 백성을 하나님의 군대라고 부르는 단 하나의 이유는, 그들이 하나님께 속했기 때문입니다. 전지전능한 자존자 여호와께 속할 수 있는 단 하나의 길은 '순종'입니다.

출애굽 사건은 인류 역사상 그 유래를 볼 수 없는 일입니다. 노예들이 반란을 일으킨 적은 많았습니다. 가장 큰 노예 반란은 로마의 노예 스파르타쿠스가 주도한 것으로서 끝내는 실패하고 말았습니다. 그런데 이 경우에는 강대국 이집트가 스스로 노예를 풀어주었을 뿐만 아니라 떠나는 이들에게 각자의 재산은 물론 은과 금까지 주어서 보냈습니다. "여호와께서 애굽 사람들에게 이스라엘 백성에게 은혜를 입히게 하사 그들이 구하는 대로 주게 하시므로 그들이 애굽 사람의 물품을 취하였더라"(출 12:36). 한마디로 빨리 떠나만 달라는 것입니다. 이 모든 것이 하나님이 조치하신 일들입니다.

'성도'를 뜻하는 많은 표현들이 있습니다. '하나님의 백성', '하나님의 자녀', '하나님의 청지기', '하나님의 군대' 그리고 '그리스도의 신부' 등입니다.

이 명칭들은 각각 강조하는 의미가 있습니다. '하나님의 백성'이란 표현은 만왕의 왕인 하나님의 통치와 주도권을 강조하고 있습니다. '하나님의 자녀'란 표현은 영적 아버지인 하나님과의 친밀한 관계와 그분의 사랑과 보호하심을 강조합니다. '하나님의 청지기'란 표현은 주인과 종의 관계에서 하나님의 사명을 안수하고 충성할 것을 강조합니다.

그런데 출애굽할 때 유독 이스라엘 백성들을 가리켜 '여호와의 군대'라고 부릅니다. 그것은 이스라엘에 공식적으로 부여된 첫 번째 명칭입니다. 좀 불경스럽다고 할지 모르나 사실 그것은 '대단히 웃긴' 명칭이 아닐 수 없습니다. 하지만 여기에는 특별한 의미가 담겨 있습니다.

첫째, 하나님은 원래 그런 분입니다. 시원찮은 사람들만 택하십니다. 그래서 그들이 하나님과 동행할 때 어떤 일이 생기는지 보여 주십니다. 430년 동안이나 노예로 살았던 이스라엘은 하나님이 택하신 '외인구단'입니다. 그들을 훈련시켜 천하무적 팀으로 만드시겠다는 뜻입니다. 우리나라 축구 대표팀을 월드컵 결승 4강전에 진출시킨 히딩크의 4강 마법을 기억하십니까? 어찌 하나님을 히딩크에 비교하겠습니까?

둘째, 이 명칭에는 이스라엘을 향한 하나님의 낙관적인 신뢰와 기대가 담겨 있습니다. 예수님은 가이사랴 빌립보 지방으로 가면서 제자들에게 물으셨습니다. "사람들이 인자를 누구라 하느냐" (마 16:13). 여러 답이 나왔는데, 그중에서 베드로가 "주는 그리스도시요 살아 계신 하나님의 아들"(마 16:16)이라고 대답합니다. 그러자 예수님은 크게 기뻐하면서 "너는 베드로라. 내가 이 반석 위에 내 교회를 세우리니 음부의 권세가 이기지 못하리라"(마 16:18)고 말씀하십니다.

당시는 예수님이 사역하시던 가장 초창기입니다. 예수님은 이 말씀을 하신 다음에 비로소 자신이 메시아임을 밝히고 십자가의 고난에 대하여 가르치셨습니다. 한마디로, 베드로는 아직 반석이 아닙니다. 반석은커녕 그 후 사탄이 밀 까부르듯 하는 시험에 요동쳤고, 주님을 저주까지 하면서 세 번이나 부인했음은 주지의 사실입니다. 그러나 주님은 그런 베드로를 반석이라고 부르며 이렇게 격려하십니다. "그러나 내가 너를 위하여 네 믿음이 떨어지지 않기를 기도하였노니 너는 돌이킨 후에 네 형제를 굳게 하라"(눅 22:32). 부활하신 다음에는 친히 갈릴리 호숫가로 베드로를 찾아가 "내 양을 먹이라"(요 21:17)는 엄청난 사명을 맡기십니다.

하나님이 오합지졸 이스라엘 백성을 '여호와의 군대'라고 부르시는 것도 똑같은 맥락입니다. 이스라엘 백성이나 우리들이나 형편없이 부족하고 나약한 존재들입니다. 그러나 하나님은 결코 그렇게 생각하시지 않습니다. 실패와 좌절, 시행착오와 낙심, 심지어는 배신과 변절까지 용납하며 새 출발하도록 하십니다. 하나님의 기대와 신뢰는 우리가 소망을 품을 수 있는 유일한 근거입니다.

셋째, '군대'라는 표현은 싸울 대상이 있음을 알려줍니다. 적이 없으면 군대도 없습니다. 그렇다면 싸울 대상은 과연 누구일까요?

"우리의 씨름은 혈과 육을 상대하는 것이 아니요 통치자들과 권세들과 이 어둠의 세상 주관자들과 하늘에 있는 악의 영들을 상대함이라"(엡 6:12).

군대는 전쟁을 위하여 존재합니다. 세상은 영적 전쟁터입니다. 더욱이 출애굽 당시에는 하나님을 믿는 사람들이 없었습니다. 오합지졸 이스라엘 백성들이 상대해야 할 세계는 이방 신들과 미신으로 가득한 미혹의 세상이었습니다. 그들과 싸워 나가는 것이 최우선 과제이며, 그에 대한 인식을 확고히 하라는 것입니다.

넷째, '여호와의 군대' 라는 표현은 훈련과 사명 완수, 그리고 궁극적인 승리를 강조합니다. 지기 위해 존재하는 군대는 없습니다. 모두가 승리하기 위하여 철저한 훈련을 받습니다. 궁극적으로 승리하려면 크고 작은 목표와 사명을 완수해야 합니다. 그런데 현실은 절망적입니다. 이스라엘 백성은 전혀 훈련이 되어 있지 않은 상태로 막강 최고 이집트 군단에 맞서야 합니다. 인간이라면 승산이 전혀 없는 이런 상황을 절대로 스스로 만들지는 않을 것입니다. 그런데도 하나님이 그들을 그렇게 부르신 이유는 당신이 전지전능한 분이기 때문입니다. 하나님은 모든 조치를 예비하고 계십니다.

마지막으로, '여호와의 군대' 란 '알렉산더의 군대', '히틀러의 군대' 와 같은 인간의 군대가 아니라 하나님께 속한 군대입니다. 사령관은 하나님입니다. 그러므로 하나님의 군대는 오직 하나님만 믿고 의지하며 그 명령에 따르기만 하면 됩니다. 승리는 하나님의 책임입니다.

　알렉산더 대왕이 한 성읍을 치려고 성문 앞으로 나갔습니다. 그런데 병사 30명만 대동했습니다. 그리고 성주를 향하여 소리칩니다. "순순히 항복하라." 성주는 병사들의 수를 보고는 코웃음을 쳤습니다. "무엇을 보고 내가 항복해야 하는가?" 그러자 알렉산더 대왕은 병사들을 높은 절벽 위에 세우고 명령했습니다. "앞으로 가!" 그 명령이 떨어지자마자 병사들은 아무것도 없는 허공에 발을 내딛었고 차례차례 절벽에서 떨어졌습니다. 병사 누구도 두려워하지 않았습니다. 그 끔찍하고 몸서리쳐지는 광경을 본 성주는 성문을 열고 알렉산더 대왕에게 무릎을 꿇었습니다.

　인간을 절대적으로 신뢰해도 승리할 수 있음을 보여주는 예화입니다.

　우리 하나님은 알렉산더 같은 잔인한 사령관이 아닙니다. 하나님은 사랑입니다. 동시에 전지전능한 하나님입니다. 그럼에도 이스라엘 백성들은 자신들이 '여호와의 군대'임을 자각하는 데 광야 생활 40년이라는 오랜 시간과 훈련이 필요했고, 간단없이 그 영적 전쟁터를 탈영하여 이집트로 돌아갈 것을 열망했습니다.

　여호와의 군대로서 성도들이 봐서는 안 될 일이 두 가지 있습니다. 첫째, 주변의 상황입니다. 둘째, 나약한 나 자신입니다. 그러면

백전백패입니다. 여호와의 군대는 오직 하나님만 절대적으로 신뢰하고 하나님의 명령에 절대적으로 순종해야 합니다.

하나님은 하나님답게 오합지졸 이스라엘 백성을 전무후무한 방법으로 '여호와의 군대'로 만드십니다. 성경 어디에도 그들이 무기와 군사 장비를 제조하고 말을 기르며 군사 훈련을 했다는 기록은 없습니다.

하나님이 그들에게 하나님의 강력한 능력을 덧입히고 그들을 '여호와의 군대'로 구별하신 데는 거룩한 목적이 있습니다. 그것은 우리를 구별하여 '하나님의 백성', '하나님의 자녀'로 부르신 목적과 동일합니다.

웨스트민스터 신앙고백의 요리문답은 "사람의 제일 되는 목적은 무엇인가?"를 가장 먼저 묻고 있습니다. 그 답은 "하나님을 영화롭게 하는 것과 그를 영원토록 즐거워하는 것"입니다.

하나님을 영화롭게 하는 동시에 그것을 영원토록 즐거워하는 가장 기본적인 길은 무엇일까요? 바로 예배입니다. 하나님이 열 가지 재앙을 통하여 이집트의 파라오와 줄다리기하신 주제는 오직 '예배'입니다. 출애굽 사건의 최종 목적은 한마디로 말해서 이스라엘의 예배를 받으시는 데 있었습니다. 예배의 중요성은 아무리 강조해도 지나치지 않습니다.

사람이 죽어서 육체를 땅에 묻고 나서도 해야 할 일이 있습니다. '죽은 마당에 무슨 할 일?' 하겠지만 할 일이 분명히 있습니다. 그 일이 요한계시록 14장 6-7절에 적혀 있습니다.

"또 보니 다른 천사가 공중에 날아가는데 땅에 거주하는 자들 곧 모든 민족과 종족과 방언과 백성에게 전할 영원한 복음을 가졌더라. 그가 큰 음성으로 이르되 하나님을 두려워하며 그에게 영광을 돌리라. 이는 그의 심판의 시간이 이르렀음이니 하늘과 땅과 바다와 물들의 근원을 만드신 이를 경배하라 하더라."

영원한 복음이란 죽음 너머에서도 통용되는 복음이란 뜻입니다. 모든 민족 또는 인간이라면 누구나 예외 없이 하늘과 땅과 바다와 물들을 만드신 이를 경배해야 한다는 것입니다. 하나님을 경배하는 것이 곧 예배입니다.

우리가 죽은 후에도 해야 할 일은 영으로 하나님께 예배를 드리는 일입니다. 예배는, 우리가 땅을 딛고 살지만 하늘의 능력과 기쁨을 미리 맛보도록 하나님이 허락하신 가장 큰 선물입니다. 또한 예배는 죽었던 영적 생명을 살리기 위하여 하나님이 친히 고안하신 영적 프로그램이라는 점에서 중요합니다.

예배에 대하여 전혀 아는 게 없던 사람들이 하나님께 예배를 드리기 위하여 모입니다. 예배를 통하여 하나님께 영광을 돌리려고 애씁니다. 그러는 동안 예배자들은 자신도 모르는 사이에 점점 강화되고 성숙해집니다. 이것이 예배가 지닌 은혜의 이중구조입니다. 하나님은 예배할 줄 모르던 오합지졸의 노예 출신 이스라엘 백성을 광야로 데리고 가서 예배하는 방법을 가르칩니다. 그 예배를 통하여 그들은 하나님의 백성이 되고, 명실 공히 '여호와의 군대'로 그 위용을 갖춰갑니다.

교회사를 돌아보면 '예배를 위하여 목숨을 걸었던 자들'에 의해 교회의 아름다운 생명이 이어져왔습니다. 초대교회 교인들은 목숨을 걸고 지하 무덤 카타콤에서 예배를 드렸습니다. 그들은 예배를 드리기 위하여 자신의 지위, 재산, 신분 등을 기꺼이 포기했고 죽음을 당했습니다. 청교도들은 신앙고백에 합당한 예배를 드리기 위하여 기꺼이 대서양의 무서운 파도에 몸을 맡겼습니다.

오늘도 북한에는 주린 배를 안고 지하교회에 숨어서 예배드리는 성도들이 있습니다. 물질적으로 넉넉하다는 이유만으로 남한 교회들이 북한을 선교하겠다고 나설 때마다 그분들에게 미안한 마음이 듭니다. 누가 누구를 가르치겠다는 것입니까? 박해와 핍박을 두려워하지 않고 예배를 드리는 그분들의 신앙에 경의를 표해야 합니다. 그분들에게 겸손히 배워야 합니다. 남한 교회들이 살아 있는 이유가 그분들이 북한의 지하교회에서 목숨 걸고 예배드리는 덕분이라고 저는 믿습니다.

파라오는 최고의 태양 신이 빛을 잃어도 눈 하나 까딱하지 않았습니다. 그러나 진정한 성도들은 하나님이 침묵하시는 절대 절명의 위기에서도 눈 하나 까딱하지 않고 하나님을 위하여 기꺼이 목숨을 버립니다. 이것이 최고의 예배입니다. 그렇게 할 수 있는 이유는, 그동안 하나님과 교통하는 데 방해가 되었던 육체를 훌훌 벗고 영으로 하나님을 대면할 수 있기 때문입니다. 아무런 방해나 갈등 없이 영원한 복음을 영원히 실천할 수 있기 때문입니다.

온 세계를 덮친 금융 위기로 인해 사는 것이 어렵습니까? 그러나 경제 위기가 아무리 심각하다 해도 굶는 일은 절대로 없을 것입니다. 하나님이 굶기지 않으십니다.

주님이 친히 말씀하십니다.

"세상에서는 너희가 환난을 당하나 담대하라. 내가 세상을 이기었노라"(요 16:33).

12강 | 출애굽기 13:11-13

속았어,
맏아들을 달래!

각 집안마다 장자를 바치라는 것은
하나님이 주인이 아닌 아버지가 되어
험난한 출애굽 여정에 동행하시겠다는 뜻입니다.
하나님의 군대가 하나님의 가족으로 전환되는 순간입니다.

애굽기 12강

'장남 콤플렉스', 맏아들로 태어나 자신에게 집중되는 과도한 관심과 기대를 감당하지 못하여 생긴 일종의 정신장애입니다. 가난한 시절에 자녀들이 많았을 때 장남만은 꼭 대학에 보내야 한다고 해서 나머지 형제들은 고등학교도 제대로 다니지 못한 경우가 있었습니다. 여자는 초등학교만 졸업하고 돈을 벌어야 하는 경우도 많았습니다. 장남에게 쏟아지는 가족의 기대와 책임을 한 집안의 왕자와 공주로 자라난 현재의 청년들은 상상도 못할 것입니다.

우리나라가 38선에 의해서 남북으로 갈리고 북쪽에 공산 정권이 들어서자 어떤 목사님이 남한으로 탈출했는데, 사정이 여의치 않아 맏아들만 데리고 왔습니다. 그 목사님은 평생 이런 얘기를 했다고 합니다. "그때 아내를 데리고 와야 했어." 아내보다 맏아들이 더 소중하다고 생각해서 아들만 데려온 것이 잘못된 결정이었다는 막급한 후회입니다.

한때 초등학교에 남자아이들이 여자아이들보다 훨씬 많았습니다. 당시에 '둘만 낳아 잘 기르자'는 표어가 온 나라에 떠들썩했는데, 그렇다면 반드시 아들을 낳아야 한다고 생각한 것입니다. 그 여파로 아직도 산부인과에서 태아의 성별을 가르쳐주는 것이 불법으로 되어 있습니다. 태아가 여자이면 낙태를 하던 일이 심심찮게 있었기 때문입니다. 이 모든 일들은 남아선호 사상, '맏아들 우선주의'에서 생겼습니다.

맏아들이나 장손은 집안에서 특별대우를 받았습니다. 얼마 전까지만 해도 맏아들은 한 집안의 유산을 모두 상속했습니다. 그 집안을 대표하고 이끌어가는 존재였기 때문입니다. 유교가 근간을 이룬 우리나라에서 장남이나 장손은 더욱 특별한 의미를 지닙니다. 제사를 주도하는 '집안의 제사장'이기 때문입니다. 장남이나 장손의 중요성은 동서고금을 막론하고 동일하다고 해도 과히 틀린 말은 아닙니다.

지금 이스라엘 백성들은 하나님의 명령에 귀를 쫑긋 세우고 있습니다. 1년 된 숫양을 집안으로 들이라는 둥, 피를 받아 문설주와 인방에 바르라는 둥 생소한 명령들이 내려왔고, 그렇게 하지 않았던 집안의 맏아들과 태에서 처음 난 것들이 죽었기 때문입니다. 옆집 아이가 교통사고를 당하면 내 자녀에게 차 조심을 당부, 또 당부하게 마련인데, 이런 상황에서 모든 가정이 초긴장 상태로 하나님께 집중하는 것은 매우 당연합니다. 드디어 하나님이 명령하십니다. 그런데 입이 떡 벌어지고 어안이 벙벙해지는 명령입니다.

"너는 태에서 처음 난 모든 것과 네게 있는 가축의 태에서 처음 난 것을 다 구별하여 여호와께 돌리라. 수컷은 여호와의 것이니라"(출 13:12).

어느 날 국가로부터 모든 장남들을 징집하겠다는 명령이 내려온다고 상상해보십시오. 다들 가만히 있겠습니까? 엄청난 소요가 일어날 것입니다.

"모세 할아버지, 혹시 연세 때문에 잘못 들으신 거 아니에요?"
"뭐? 장남을 하나님께 바치라고?"
"이게 뭐야. 살려주고는 내놓으라니!"
"살려준 이유가 자기가 갖겠다는 거잖아!"
"완전히 속았어!"

가정마다 아우성이 터져 나왔을 것입니다. 요즈음 같으면 촛불과 피켓을 들고 시청광장에라도 모였을 것입니다. 그런데 마음을 가라앉히고 하나님이 왜 이런 명령을 내리셨는지 알아봅시다. 과연 이 명령의 진의는 무엇일까요?

지금까지 이집트 땅에 아홉 가지 재앙이 내리는 과정에서 고생한 사람은 파라오와 이집트 백성들이었습니다. 이스라엘 백성들은 하나님의 특별한 보호를 받으며, 그저 혈투 벌이는 경기를 즐기듯 그 재앙들을 바라보았습니다. 이것이 첫 번째 구별입니다.

그런데 열 번째 재앙에서는 양상이 전혀 다릅니다. 그동안 모세를 통해 이집트 파라오와 상대하던 하나님이 갑자기 그 눈길을 이스라엘 백성들에게 돌리셨습니다. 그러고는 느닷없이 유월절 규례를 하달하셨습니다.

이 규례 앞에서 모든 사람들은 하나님을 따를지, 아니면 자기주장대로 살지 반드시 대답해야 했습니다. 여기서 두 번째 구별이 이루어집니다.

하나님은 그렇게 구별한 다음 최종 명령을 내리십니다. "너는 태에서 처음 난 것을 다 구별하여 여호와께 돌리라." 이 명령 앞에서 이스라엘 백성들은 장자를 하나님께 바칠지, 아니면 자신의 뒤를 잇게 할지 또 선택해야 했습니다. 이 명령에는 하나님의 깊고 오묘한 구원의 방법과 의미가 담겨 있습니다. 한마디로 말해서, 하나님의 존재를 알고 하나님을 따르겠다는 생각만으로는 진정한 구원을 얻을 수 없다는 것입니다.

이집트 백성들도 하나님이 얼마나 대단한 존재인가를 알았습니다. 하나님을 따라야겠다는 생각도 들었을 것입니다. 그런데 그것만으로는 불충분합니다. 진정한 구원은 태에서 처음 난 것을 하나님께 돌리는가에 달려 있습니다.

유월절 규례의 핵심은 무엇보다도 '죄 사함의 은총'입니다. 흠 없는 1년 된 어린 양을 잡아 그 피를 문설주와 인방에 발라야 했습니다. 하나님의 천사는 그 집 사람들의 죄질이나 죄의 양을 평가하지 않았습니다. 다만 그 피가 있는지 없는지만 확인하고 심판의 여부를 결정했습니다.

어떻게 그럴 수 있느냐고 반문할 수 있습니다. 그동안 사람들은 예외 없이 얼마나 강하느냐에 관심을 두었으니까요. 모두들 온 힘을 다해 권력과 부를 추구하며 살았습니다. 한편으로는, 범죄 여부와 경중을 물어 달리 처벌하는 시대를 살았습니다. 인종과 시대에 따라 규칙은 다소 차이가 나지만 그런 삶의 원리와 방식은 똑같습니다. 예외가 없습니다. 그런 시대에 길들여진 사람들이 양의 피가 칠해진 여부에 따라 결정되는 구원 시스템을 도저히 수긍할 수 없는 것은 아주 당연합니다.

그런 시대가 다름 아닌 '율법의 시대' 입니다. 힘 없는 이스라엘 백성들은 당연히 강한 이집트의 종이 되어야 했고, 규정된 규칙을 지키지 못하면 그에 따르는 벌을 받아야 했습니다. 강한 자가 베푸는 일말의 관용을 바랄 뿐 모두 전전긍긍하며 살 수밖에 없었습니다. 그럴수록 강한 자는 스스로 신의 자리에 군림하며 온갖 특권을 누렸습니다. 세상 어디를 가나 마찬가지입니다.

그런데 여호와 하나님이 등장하여 당연하게 여겨지던 그 모든 시스템을 뒤집으셨습니다. 강자에게는 정신을 못 차릴 정도로 재앙을 내리셨고, 약자는 무조건 보호하셨습니다. 마침내 유월절 규례를 통하여, 신분이나 능력이나 성품이나 선행에 상관없이 하나님의 명령에 순종하느냐 그렇지 않느냐로 구원을 결정하셨습니다. 이것은 인간의 머리에서 나올 수 없는 조치들입니다.

유월절은 단순한 절기가 절대로 아닙니다. 유월절은 강한 자만 지배하는 시대, 죄를 추궁하는 율법 시대의 종언을 선언한 날입니다. 유월절로 전혀 새로운 시대가 열린 것입니다.

하나님은 왜 그렇게 하셨을까요? 그동안 이스라엘이 고생을 많이 했으니 이제는 이집트가 고생할 때가 되었다는 뜻일까요? 강한 자와 약한 자가 공평하게 번갈아서 대장 노릇을 하라는 뜻일까요? 아닙니다. 그 이유를 분명히 알아야 합니다. 그것은 세상에서 가장 깊은 뜻일 것입니다. 그 뜻을 알아야 올바로 하나님을 섬기고 제대로 신앙생활을 할 수 있으며 나아가 즐겁고 신나는 인생을 살 수 있습니다.

하나님이 창조하신 세계는 처음부터 죄를 묻고 벌하는 세계가 아니었습니다. 생긴 대로 살아도 모두 의미 있고 신나고 행복할 수 있는 세계였습니다. 능력 있고 잘생기고 힘센 사람만 잘 살 수 있는 세상이라면, 하나님은 공평한 분이 아닐 것입니다. 사랑의 하나님은 더군다나 아닙니다.

인간이 타락하기 이전으로 돌아가 봅시다.

에덴동산에서 아담과 이브가 하나님이 금하신 바 선악을 알게 하는 나무 열매를 따먹었습니다. 하나님이 찾아오셨습니다. 아담이 놀랄까봐 저녁 서늘한 시간에 찾아와 "아담아, 네가 어디 있느냐?"라고 부르십니다. 아담은 하나님이 두려워서 숨어 있다가 주춤거리며 나와 아룁니다. "내가 벗었음으로 두려워하여 숨었나이다." 틀린 말입니다. 그러나 하나님은 다시 묻습니다. "누가 너의 벗었음을 알려주었느냐? 내가 먹지 말라고 한 그 나무의 열매를 먹었느냐?" 하나님은 기다리고 계셨습니다. 무엇을 기다리셨을까요? 아담이 잘못을 솔직히 인정하고 용서 빌기를 기다리셨습니다.

그러나 아담은 그렇게 하지 않았습니다. "하나님이 주셔서 나와 함께 있게 한 여자가 그 나무의 열매를 줘서 내가 먹었나이다."

아담은 하나님과 여자와 그 열매에 책임을 미룹니다. 그래도 하나님은 참고 기다리며 여자에게 묻습니다. 그러나 여자마저 뱀에게 책임을 미룹니다.

아담이나 이브가 솔직히 자신의 죄를 인정하고 용서를 구했다면 어떻게 되었을까요? 하나님은 당연히 그들을 용서하셨을 것입니다.

자녀가 죽을죄를 저지르고 나서 진심으로 용서를 구하면, 세상법은 그를 징계하나 부모는 용서합니다. 인간의 부모도 용서하는데 하물며 하나님이 왜 용서하시지 않겠습니까? 당연히 용서하십니다. 하나님은 그 사랑을 세상의 원리로 다시 세우시고자 합니다. 그래서 죄의 여부와 경중을 묻지 않으십니다. 다만 하나님의 말씀에 얼마나 관심을 가지고 순종하는지 물으시겠다는 것입니다.

열 가지 재앙을 내리신 목적을 떠올려보십시오. 하나님은 그 재앙을 통하여 당신이 누구인가를 알리셨습니다. 그 대상은 비단 이스라엘 백성에게 국한되지 않습니다. 이집트, 나아가 모든 인간에게 알리신 것입니다. 재앙은 징계와 심판 이전에 주신 공고와 경고입니다. "혹시 내가 먹지 말라고 한 실과를 먹은 것 아니냐?"는 하나님의 지적과 같습니다. 그러나 이집트와 파라오는 하나님을 향하여 돌아서지 않았습니다. 이스라엘 백성 중에도 여전히 새로운 시대를 받아들이지 않은 사람이 있었습니다.

하나님은 유월절을 통해 원래 창조하신 세계, 은혜 시대의 회복을 선언하셨습니다. 그것은 결코 새로운 시대가 아닙니다. 그럼에도 새로운 시대의 도래라고 하는 것은, 인간이 타락한 시대, 율법의 시대, 정죄의 시대에 태어나서 그 새로운 시대를 한 번도 경험한 적이 없기 때문입니다.

주의를 기울여 듣고 명심할 것이 있습니다. "구원은 믿음으로 이루는 게 아니다"라는 것입니다. 주의 깊게 들으십시오. 하나님을 믿고 순종하는 믿음으로 우리가 구원으로 들어가는 것은 분명합니다. 믿음은 필수 조건입니다. 그러나 하나님을 믿었다고 해서 그 '보상'으로 구원 받는 것은 아닙니다. 그렇다면 우리는 또 다른 율법의 세계, 조건의 세계로 들어가는 것밖에 되지 않습니다. 좋은 믿음에는 큰 보상이, 형편없고 게으른 믿음에는 작은 보상이 돌아간다면 사람들은 또 다시 좋은 믿음 갖기에 전전긍긍할 것입니다. 이런 모습은 오늘날 교회에서 수없이 보아온 터입니다.

"그 사람, 믿음 좋더라"라고들 말합니다. 오늘날 교회에서 이런 말을 얼마나 많이 쓰는지 우리는 잘 압니다. 그런데 이것이 율법을 잘 준수하는 유대교 사람들에게 사용하는 말과 똑같은 의미로 사용되고 있다면 큰 문제입니다. 자기 힘으로 율법을 잘 지킨 바리새인들은 뽐내며 사람들 앞에 서서 세리에게 손가락질을 했습니다. 그처럼 소위 믿음 좋다는 사람들이 얼마든지 자신을 내세울 수 있습니다.

그러나 믿음은 결코 능동태가 될 수 없습니다. 믿음이 구원의 동기가 될 수 없습니다. 하나님이 법을 정하고 길을 여셨습니다. 그 법을 인정하고 그 길을 가는 것이 '믿음'입니다. 내가 결단하고 내가 가는 것 같지만, 법이 없고 길이 없으면 내가 아무리 열심히 간들 엉뚱한 곳으로, 정반대로 갈 수 있습니다.

믿음이란 하나님이 은혜로 값없이 주시는 선물입니다. 은혜로 눈에 보이지 않는 하나님에 대한 믿음이 생겼고, 그 믿음의 눈으로 구원의 길과 세계를 보는 것입니다. 그러므로 믿음은 노력의 산물이 아닙니다.

구원과 관련해 내가 할 수 있는 일은 아무것도 없고, 뭔가를 해서도 안 됩니다. 믿음을 통하여 하나님이 내려주신 구원의 은총을 체험하고 감사할 뿐입니다. 더욱 신실한 믿음으로 더 많은 구원의 세계를 경험하게 됩니다. 그래서 더욱 감사합니다. 그렇게 내 안에서 하나님의 주도권은 더욱 확고해지고, 하나님이 나의 성화를 이루어가십니다.

믿음 역시 하나님의 선물이고, 구원과 관련해 내가 할 수 있는 일은 아무것도 없다는 데 동의한 사람만 태에서 처음 난 것을 하나님의 것으로 돌리라는 명령에 담긴 최종 의미와 만날 수 있습니다.

430년 동안 이집트에서 종살이 하던 이스라엘 백성들에게 하나님은 새로운 주인으로 비쳤습니다. 강력하고 포악한 주인이던 이집트 파라오를 굴복시킨 하나님이시니 정말 크고 두려운 존재로 보였을 것입니다. 또 다른 굴종과 의무를 부과하는 더 크고 무서운 주인으로 비쳤을 것입니다. 그 하나님이 지금 '태에서 처음 난 것을 내게 돌리라'고 명령하십니다. "드디어 올 게 왔구나. 하나님이라고 다를 게 없구나. 이제는 장자마저 빼앗아 가다니." 율법의 세계에 찌들려 살아온 그들에게 당연히 그런 생각이 들었을 것입니다.

그러나 하나님은 절대로 그런 분이 아닙니다. 여호와 하나님은 사랑의 하나님입니다. 사랑으로 가득한 분이 장자를 빼앗을 리 없습니다. 하나님은 각 집안의 장자가 필요하지도 않습니다. 그런데 왜 달라고 하실까요? 장자는 한 집안을 대표하는 존재입니다. 그런 장자를 하나님께 바치면 그 집안 전체가 하나님께 자동으로 속하게 됩니다.

머슴으로 살아가던 사람을 양자로 입적하면 '주인과 종의 관계'가 끝나고 '아버지와 자녀의 관계'로 들어가게 됩니다. 장자가 하나님의 것이라면, 나머지 가족은 모두 자연히 하나님의 가족이 됩니다. 똑같은 이치입니다. 이 원리를 모르면 평생 하나님을 섬겨도 아무 소용없습니다. 사는 게 더 힘들고 괴로워질 뿐입니다.

각 집안마다 장자를 바치라는 것은 하나님이 주인이 아닌 아버지가 되어서 그들의 험난한 출애굽 여정에 동행하시겠다는 뜻입니다. '하나님의 군대'가 '하나님의 가족'으로 전환되는 순간입니다. 아무리 사단장이 병사들을 친아들처럼 보살핀다고 해도 부모의 사랑과 관심에 비교조차 할 수 없습니다. 맏아들을 바친 사람들에게 하나님은 군대 총사령관에서 부모로 바뀝니다.

사령관에게 못난 병사들은 지적과 징벌과 퇴출의 대상이지만, 부모에게 못난 자식은 걱정과 관심과 기도와 특별 보호의 대상입니다.

이러한 하나님과 그 백성들의 인격적인 관계를 사도 바울은 이렇게 설명합니다.

"너희는 다시 무서워하는 종의 영을 받지 아니하고 양자의 영을 받았으므로 우리가 아빠 아버지라 부르짖느니라"(롬 8:15).

종에서 하나님의 양자가 된 것입니다. '아빠 아버지'란 꼬마가 아빠를 부르는 가장 친근한 용어입니다. 예수님은 거룩하신 하나님을 '아빠 아버지'라고 불러서 불경죄로 십자가에 달리셨습니다. 그만큼 태에서 처음 난 것을 하나님께 돌리는 것은 획기적인 사건입니다. 파라오만 신의 아들을 자처할 수 있었는데, 이제는 노예였던 이스라엘 백성들이 장자를 바침으로 모두가 하나님의 자녀가 될 수 있는 길이 열린 것입니다.

이야기는 여기서 끝나지 않습니다.

"자녀이면 또한 상속자 곧 하나님의 상속자요 그리스도와 함께한 상속자니 우리가 그와 함께 영광을 받기 위하여 고난도 함께 받아야 할 것이니라"(롬 8:17).

'그리스도와 함께한 상속자 The joint-heirs with Jesus Christ.' The joint-heirs는 당시 법률 용어로서 독특한 상속법입니다.

예를 들어봅니다. 어떤 부자가 두 아들에게 재산을 물려줄 때가 되었는데 맏아들이 영 미덥지 않습니다. 그래서 둘째 아들과 공동 상속자 joint-heirs로 묶어버립니다. 오늘날에는 아버지가 죽으면 유산을 두 아들이 각각 나눠가질 수 있지만, 당시에 둘을 그렇게 묶어놓으면 유산을 절대로 나눠가질 수 없고 그 관계를 영원히 가지고 가야 합니다. 아니나 다를까, 우려하던 일이 벌어집니다. 큰아들이 재산을 다 말아먹고 말았습니다. 둘째아들은 억울해서 미칠

지경이지만 어떻게 하겠습니까? 분노를 억누르며 재기에 나섰습니다. 똑똑한 둘째 아들은 형이 말아먹은 재산의 몇 곱절을 벌었습니다. 그런데 자기가 벌었더라도 반드시 그 재산을 형과 함께 누려야 합니다. 이것이 The joint-heirs의 법입니다.

하나님 보시기에 우리는 미덥지 않습니다. 걱정스러운 구석이 너무나 많습니다. 그래서 독생자 예수를 이 땅에 보내어 만나는 사람들마다 가르치게 하셨습니다. "너희는 원래 내 동생들이다." "나는 하나님의 아들이다." "고로 너희도 하나님의 자녀들이다." 그 말을 믿은 사람들이 있었습니다. 아직도 많습니다.

그들은 하나님이 보잘것없는 자신과 예수님을 공동상속자로 묶어주신 것을 알게 되었습니다.

내가 사고 칠 때나 곤경에 처했을 때, 큰 형님인 예수님이 내 곁에 이미 와 계십니다. 큰 형님인 예수님이 도와주려고 고난의 현장으로 가십니다. 그러니 나도 그곳에 따라가야 합니다. 큰 형님인 예수님이 십자가에서 죽습니다. 그러니 아무리 싫어도 나도 그래야 합니다. 큰 형님인 예수님이 부활합니다. 나도 덩달아 부활합니다. 큰 형님인 예수님이 하나님 우편에 앉으십니다. 나도 나중에 예수님 옆에 앉게 됩니다.

그런데도 맏아들을 하나님께 바치지 않겠습니까?

부활은 착하게 살았다고 보상으로 받는 것이 아닙니다. 맏아들을 하나님께 드림으로써 예수 그리스도와 공동상속자로 묶이게 된 크리스천들에게 저절로 돌아가는 하나님의 선물입니다.

기독교가 선행과 득도를 통해 신의 세계와 은총에 돌입한다고 가르치는 다른 종교와 가장 차이나는 점이 이것입니다. 인정하든 말든 인간은 모두 하나님의 자녀들입니다.

자녀가 부모의 마음을 알고 그 은혜에 감사할 때 철이 들었다고 말합니다. 철이 든다는 것은 계절의 변화를 알게 되었다는 뜻입니다. 부모의 마음을 알면 세상 돌아가는 이치도 알게 된다는 뜻입니다. 우리들은 하나님의 자녀로서 하나님의 마음과 뜻을 당연히 알아야 합니다. 그러면 눈에 보이지 않는 세상의 깊은 이치를 저절로 알게 되고, 그의 삶은 거칠 것이 없어집니다. 하나님과 담임목사의 눈치를 살피며 계율에 따라 잘 섬긴다고 해서 복을 받는 것이 절대로 아닙니다. 하나님의 자녀답게 이미 받은 복을 당당하게 누리고 흔쾌히 베풀며 신나게 사십시오.

3

The Story of Heaven

하나님의
광야 수업

바로가 백성을 보낸 후에
블레셋 사람의 땅의 길은 가까울지라도
하나님이 그들을 그 길로 인도하지 아니하셨으니 (출 13:17).

13

강 | 출애굽기 13:17-22

Exodus

유골을
어디에 쓰려고

출애굽 여정에 오르며 모세가 취한 요셉의 유골은
하나님의 약속이 실현된 증거이자 하나님의 비전 그 자체입니다.
그것은 인생이라는 여행길에서
우리가 후손들에게 남겨야 할 것이기도 합니다.

애굽 탈출기 13강

'제주 올레'를 아십니까? '올레'란 제주 방언으로 '큰길에서 집까지 이어지는 작은 길'이라는 의미를 담고 있습니다. 23년간의 기자 생활을 접고 돌연 산티아고 야고보 순례길에 오른 서명숙 씨는 900㎞를 걸으며 생각했습니다. '고향 땅 제주도에 이런 길을 만들자.' 현재까지 13개 코스가 있고 계속 만드는 중입니다. 가능한 한 차도와는 만나지 않게, 콘크리트는 절대 사절하여 만든 길에 붙인 이름이 '제주 올레'입니다. 이름만 들어도 가보고 싶은 길입니다. 분명 세상에서 가장 아름다운 길 중 하나일 것입니다.

　제주 올레는 직선이 아닙니다. 가장 아름다운 곳을 경유하다 보니 돌투성이 해안과 바닷가 모랫길, 오름, 좁은 골짝, 개울, 울창한

숲길, 말이 뛰노는 평원, 집들이 옹기종기 모여 앉은 마을, 때로는 한 사람만 겨우 지날 수 있는 아슬아슬한 해안 절벽도 구불구불 지나가야 합니다. 많은 사람들이 이 길을 걸으며 자신의 삶을 돌아보았고, 생기를 얻었으며, 자신을 찾았습니다. 서명숙 씨는 참 멋진 생각을 실현시켰습니다. 그녀에게 아낌없이 박수를 보냅니다.

길, 그것은 여기서 저기로 연결시켜주는 것입니다. 사람들은 가능한 한 직선으로 길을 만들려고 합니다. 빨리 가려는 것입니다. 그래서 터널도 뚫고 다리도 놓습니다. 그러다 보니 길을 갈 때 눈에 들어오는 것이 별로 없습니다. 그저 앞서 가는 사람을 앞지를 생각 말고는 아무 생각도 하지 못합니다. 그래서 현대인들은 누구보다 빨리 달리는 자동차들을 자꾸 만들어냅니다. 덩달아 그 자동차를 소유하고 싶은 욕망과 갖지 못하는 좌절감만 그 길 위에 쌓입니다.

이스라엘 백성이 드디어 가나안 땅을 향해 먼 길에 오릅니다.

"바로가 백성을 보낸 후에 블레셋 사람의 땅의 길은 가까울지라도 하나님이 그들을 그 길로 인도하지 아니하셨으니"(출 13:17). 무슨 말씀입니까? 하나님이 가까운 길을 버려두고 다른 길로 백성들을 인도하셨다는 뜻입니다.

가나안으로 가는 길에는 세 종류가 있었습니다.

첫 번째는 직선 코스인 지중해를 끼고 가는 지름길입니다. 본문에서 '블레셋 사람의 땅의 길' 또는 ' 황제의 대로'라고 부르는 길입니다. 이 길은 평지였으며, 곳곳에 오아시스와 도시들이 있어서 가장 편히 갈 수 있는 길이었습니다. 이 길을 따라갈 경우 가나안 땅에 수일 내에 도착할 수 있었습니다. 또 다른 길은 조금 내륙으로 들어선, 술 광야를 거쳐가는 길로서 성경에서는 '술로 가는 길'이라고 불렀습니다. 두 번째로 편한 길입니다. 나머지 한 길은 '홍해의 광야'로서 황량한 시내 광야를 우회하여 가는 가장 멀고도 험난한 길입니다.

하나님은 이스라엘 백성들을 이상하게도 쉽고 편한 길로 인도하지 않으셨습니다. 오히려 한참 우회하면서도 가장 멀고 험한 길, 척박한 광야로 통하는 길로 인도하셨습니다. 도무지 예측할 수 없는 처사입니다. 하지만 전지전능하신 하나님인데 무슨 깊은 뜻이 있었겠지요. 그 깊은 속내를 알아야 합니다. 신앙생활의 목적은 하나님의 속마음 읽기에 있습니다. 하나님이 왜 그렇게 하셨는지 그 속내를 들여다봅시다.

사람들은 쉽고 편한 길을 가려고 합니다. 화려하고 넓은 길만 가려고 합니다. 쉽게 살려고만 합니다. 취업이 어렵다지만 이른바 3D

업종은 사람을 구할 수 없어서 야단입니다. 로또 복권의 인기는 식을 줄 모릅니다. 이 모두가 같은 맥락에서 일어나는 현상입니다.

스캇 펙 박사는 그의 책 《아직도 가야 할 길 The Road Less Travelled》에서 이런 질문을 합니다. "여기에 크림 케이크가 있다면, 어느 부분부터 먹겠습니까? 맛있는 부분입니까, 아니면 맛없는 부분입니까?" 그는 대수롭지 않는 이 질문을 인생을 진단하는 핵심 질문으로 생각합니다. 대부분의 사람들은 맛있는 부분부터 먹는다고 대답했습니다.

스캇 펙 박사는 인생이 곤고해지는 가장 근본적인 원인이 여기에 있다고 지적합니다. 언제나 마음에 들고 하기 쉬우며 즐거운 일만 먼저 하다 보면, 하기 싫고 궂은일들만 주변에 남게 마련입니다. 그런 궂은일들은 대부분 반드시 해야 하는 중요한 일들입니다. 그런 일들을 처리하지 않고 남겨두면 인생이 곤고함과 실패로 점철될 수밖에 없다고 그는 주장합니다.

성공하는 사람과 실패하는 사람의 차이는 케이크의 어느 부분을 먼저 먹느냐에 달려 있습니다. 맛없는 부분을 먼저 먹는 사람들, 즉 어렵고 힘든 일부터 해치우는 사람들은 그 작은 수고들이 모여 성공한 삶을 살게 됩니다. 반대로 쉽게 돈을 벌려는 사람은 한순간에 망하고, 편히 사업을 하려는 사람은 실패하고 맙니다.

하나님은 이스라엘 백성들을 넓고 편한 길이 아니라 험하고 좁은 길로 인도하셨습니다. 그 이유는 "이 백성이 전쟁을 하게 되면 마음을 돌이켜 애굽으로 돌아갈까 하셨음"(17절)에 있습니다.

블레셋은 대대로 이스라엘을 괴롭혀 온 사납고 용맹한 족속입니다. 그런데 편한 '황제의 대로'는 블레셋 사람들이 차지하고 있습니다. 사람들은 그저 겉으로 드러난 편안함과 화려함만 볼 뿐 그 길에 도사리고 있는 위험과 유혹은 보지 못합니다.

하나님은 때때로, 그리고 자주 우리 인생을 험하고 좁은 길로 인도하십니다. 그런데 그 길이 오히려 안전하고, 경쟁이나 싸움으로부터 벗어난 길입니다. 한편으로 그 길은 우리를 훈련하고 단련시키기도 합니다.

인간이 하나님을 알아내는 게 아니라 하나님이 자신을 인간에게 계시하십니다. 그래서 하나님과 마음이 합한 다윗은 이렇게 기도합니다. "여호와여 주의 도를 내게 보이시고 주의 길을 내게 가르치소서"(시 25:4).

하나님은 말씀 속에 최소한 중요한 세 가지를 계시하십니다. '하나님의 성품', '하나님의 뜻', '하나님의 길' 입니다. 이것을 알기 위해서는 반드시 성령의 인도하심이 필요합니다. 성령 하나님은 하나님의 깊은 것까지 통달하게 하시는 분이기 때문입니다.

하나님이 인도하시는 길은 겉보기에 험하고 황량해 보입니다. 가기 어려워 보입니다. 그러나 그곳은 모든 것을 미리 알고 있는 하나님이 인도하시는 길입니다.

《야생초 편지》라는 책을 쓴 황대권 작가는 둘도 없는 제 친구입니다. 시골에서 초등학교를 졸업하고 서울로 유학 온 저는 막막하고 외로웠습니다. 그런 마음을 붙잡아준 곳이 미술반이었는데, 그곳에서 대권이를 만났습니다. 마음이 선하고 개구쟁이인 그는 그림을 참 잘 그렸습니다. 그런 그가 훗날 군사 정권 때 조작된 '미주 간첩단 사건'에 연루되어, 미국에서 결혼한 아내와 아들을 데리고 잠시 귀국했다가 김포공항에서 체포되었습니다. 그는 집에도 들어가 보지 못한 채 그 길로 안전기획부에 이송되었다가 마침내 무기징역을 선고받고 수감되었습니다.

얼마나 억울했을까요? 감옥에 갇힌 그는 어쩔 수 없이 전도유망한 발레리나 아내와 이혼하고, 감옥에서 끝없이 절규하고 한탄하고 절망했습니다. 그러다가 우연히 한 기독교 신문에 난 기사를 보았습니다. 장애자로 태어난 한 사람이 예수님을 만나 소망을 보고 어려움 속에서도 열심히 살아가는 이야기였습니다. 그는 그 기사에서 한 줄기 빛을 발견했습니다. 언제 석방될지도 모르는 무기수인 그가 감옥에서 살아갈 의미를 찾게 된 것입니다.

그는 이런 말을 했습니다. "감옥 생활, 그것도 억울한 옥살이를 견디는 세 가지 길이 있다. 분노에 미쳐버리든지, 체념하여 바보가 되든지, 아니면 도를 통한 도사가 되는 것이다." 그는 그 중 어떤 길로도 가지 않고 제4의 길로 가서 그리스도를 구세주로 영접하고 새로운 삶을 살게 되었습니다. 다시 그림을 그리기 시작했고, 당국과 끈질긴 싸움 끝에 교도소 한 구석에 텃밭을 만들고 야생초를 키우기 시작했습니다. 글도 쓰기 시작했습니다. 그 기록과 그림을 책으로 펴낸 것이 《야생초 편지》입니다.

그 후 그는 감형에 감형을 거듭하여 14년 만에 출감했습니다. 5,000일이나 되는 먼 길을 빙 둘러서 제자리로 돌아온 것입니다. 하지만 그의 우회는 결코 헛되지 않았습니다. 오히려 이 시대에 한 줄기 신선한 바람이 되어, 현대인들의 답답한 갈증을 풀어주는 깨끗한 생수가 되어 돌아왔습니다.

모든 신앙인들이 그랬습니다. 아무리 근사해 보이는 길이라도 하나님이 막으시면 기꺼이 돌아섰고, 아무리 험난한 길이라도 하나님이 가라 하시면 한 걸음 한 걸음 하나님을 믿으며 갔습니다. 그들의 위대함은 아무리 억울해도 그 일을 하나님의 처사로 겸손히, 기꺼이 받아들인 데서 비롯됩니다.

요즈음 오늘을 사는 우리나라 크리스천들에 대해 생각해봅니다. 너무 성공 지향적이지 않은지, 너무 물질적이며 현세적이지 않은지, 너무 경박하고 소란스럽지 않은지 모르겠습니다.

울산에서 매년 처용문화제가 열립니다. 올해로 마흔 몇 번째 되는 대단히 유서 깊은 문화제입니다. 그런데 울산 지역 교회들이 들고 일어났습니다. 자신들이 낸 세금이 우상숭배에 사용되어서는 안 된다는 취지였습니다. 처용은 아내가 사람 모습을 한 귀신과 동침한 것을 보고도 마음을 너그럽게 가져 그 귀신을 멀리 달아나게 했다는 전설 속의 인물입니다. 그러니 무당 행사라고 무조건 처용문화제를 반대할 게 아니라 처용의 그 넉넉한 포용심을 배워야 할 것입니다.

하나님이 요구하시는 21세기의 시대정신은 무엇일까요? 에둘러 가라는 하나님의 명령을 따라 그 길을 묵묵히, 천천히 걸으며 하나님이 창조하신 세상을 관조하는 것이 아닐까요? 관조와 묵상을 통해 발견한 하나님의 깊고 깊은 섭리와 넓고 넓은 진리를 음미하는 자세가 필요하지 않을까요?

또 하나 주목해야 할 것이 있습니다.
"모세가 요셉의 유골을 가졌으니 이는 요셉이 이스라엘 자손으로 단단히 맹세하게 하여 이르기를 하나님이 반드시 너희를 찾아오시리니 너희는 내 유골을 여기서 가지고 나가라 하였음이더라"(출 13:19).

모세가 요셉의 유골을 가지고 길을 떠났다는 점입니다. 먼 길 떠나는 사람은 챙겨야 할 게 많습니다. 우리라면 무엇을 가지고 갔을까요?

선배 한 분이 1960년대에 미국 유학을 떠날 때 그 모친이 굵은 금가락지 여러 개를 준비해주셨다고 합니다. 타국에서 돈이 떨어져 어려울 때 팔아서 쓰라는 뜻이었습니다. 그런데 막상 미국에 가니 그런 금가락지를 팔 만한 곳이 없었습니다. 그래서 그것들이 전혀 도움이 되지 않아 고생을 많이 했다고 합니다.

이렇게 자녀들에게 쓸모없는 금가락지를 남겨주려고 애쓰는 사람들이 많이 있습니다. 재산을 남겨주려고 애쓰지만 소용없는 일입니다.

길 떠나는 모세는 요셉의 유골을 가지고 갔습니다. 여기서 모세의 위대함이 드러납니다. 알다시피 요셉은 430년 전, 노예 소년에서 이집트의 총리대신이 된 사람입니다. 요셉으로 인하여 이스라엘 백성들은 이집트 땅에 와서 살게 되었습니다.

하나님의 사람인 요셉은 죽으며 유언을 남깁니다.

"요셉이 그의 형제들에게 이르되 나는 죽을 것이나 하나님이 당신들을 돌보시고 당신들을 이 땅에서 인도하여 내사 아브라함과 이삭과 야곱에게 맹세하신 땅에 이르게 하시리라 하고 요셉이 또 이스라엘 자손에게 맹세시켜 이르기를 하나님이 반드시 당신들을 돌보시리니 당신들은 여기서 내 해골을 메고 올라가겠다 하라 하였더라"(창 50:24-25).

요셉은 임종하는 자리에서도 하나님의 약속을 굳게 믿었습니다. 하나님이 이스라엘 백성을 반드시 '젖과 꿀이 흐르는 가나안 땅'으로 인도하실 것을 믿었습니다. 그래서 그때가 되면 자신의 유골을 가지고 함께 가달라고 했습니다.

과연 요셉의 믿음은 옳았습니다. 430년이 지난 후 하나님의 약속은 실현되었습니다.

모세가 요셉의 유골을 잊지 않고 가져갔다는 것은 모세 또한 하나님의 약속을 믿었다는 증거입니다. 요셉의 유골을 취한 모세와 이스라엘 백성을 한번 상상해보십시오. 미라가 된 요셉의 유골을 취하면서 모세의 손끝은 감격으로 떨렸을 것입니다. 이스라엘 백성들의 마음은 감사와 감격으로 가득했을 것입니다.

요셉의 유골은 하나님의 약속은 반드시 이루어진다는 증거입니다. 요셉의 예언대로 오합지졸 노예들이 막강한 이집트를 하나님의 권능으로 꺾었습니다. 그것은 도저히 불가능해보이는 일이었습니다. 그러나 하나님의 약속은 반드시 실현된다는 사실을 그들은 눈으로 직접 보았습니다. 이집트 파라오의 미라와 요셉의 유골은 바로 이 점이 다릅니다.

요즈음 유럽의 교회들은 비어갑니다. 아름답고 장엄한 교회들이 한낱 과거에 찬란했던 유물이 되어갑니다. 그저 관광객들만 찾는 교회라면 이집트 피라미드와 무슨 차이가 있겠습니까?

캐나다 토론토 도심에 있는 100년 넘는 아름다운 교회가 부속건물까지 합쳐 단돈 1달러에 매물로 나왔습니다. 조건은 교회 건물을 잘 유지하는 것이었습니다. 예배당 전면에 설치된 파이프 오르간 값만 해도 엄청날 것입니다. 지하에는 체육관에 수영장까지 있습니다. 그런데도 교회 건물을 내놓은 것은 백인 교인들이 모두 떠났기 때문입니다. 현재 한인교회가 그 건물을 사용하고 있는데 유지비용을 대느라 쩔쩔 매고 있습니다.

장차 우리나라 교회들은 어떻게 될까요? 유적으로도 남을 것 같지 않습니다. 말로는 교회를 하나님의 것이라고 하지만, 실제로는 개인이나 가장 강한 세력 집단의 소유물이기 때문입니다. 땅값 비싼 대한민국에서는 교회 문을 닫기 전에 그들이 교회를 팔아치울 게 분명합니다. 그러면 교회 건물은 헐리고, 그 자리에 다른 용도의 건물이 들어설 것입니다.

요셉의 유골은 하나님의 약속이 실현된 증거이자 하나님의 비전 그 자체입니다. 모세와 이스라엘 백성은 요셉의 유골을 품에 안으며 하나님의 새로운 비전을 가슴 한가득 품었습니다.

인생이라는 여행길에서 자녀와 후손들에게 무엇을 남겨야 할까요? 무엇보다도 하나님의 약속과 비전을 남겨야 합니다. 우리와 자녀들의 온 가슴에 하나님의 비전을 가득 채워야 합니다.

교회가 할 일은 바로 요셉의 유골을 남기는 것입니다. 하나님의 비전을 전수하는 것입니다. 지금 우리가 열심히 성경을 공부하는 것도 하나님의 비전과 계획을 찾아내고 그것을 후손들에게 가르쳐 지키게 하기 위해서입니다.

그렇게 이스라엘 백성은 가나안 땅으로 가는 먼 길에 올랐고, 하나님은 그 앞길을 구름기둥과 불기둥으로 인도하셨습니다.

"낮에는 구름기둥, 밤에는 불기둥이 백성 앞에서 떠나지 아니하니라"(출 13:22).

구름기둥과 불기둥이 어떻게 생겼는지는 전혀 알 길이 없습니다. 다만 그것은 하나님이 직접 개입하심을 나타냅니다. 오늘날에도 하나님은 성령으로 우리의 삶에 직접 개입하기를 원하십니다.

성령의 인도하심을 신비하고 이상한 체험과 연관 지을 필요는 없습니다. 성령을 만나기 위해 부르짖으며 간청할 필요가 없습니다. 하나님의 인도하심을 받는 특별한 비법이 있는 것도 아닙니다.

숨을 한번 크게 들이마신 후 지나가는 사람에게 물어보십시오, "당신이 이 공기를 만들었습니까?" 길 가는 사람들을 붙잡고 물어보십시오. "당신이 중력을 만들었습니까?" 숨을 쉬고 땅을 딛고 걸을 수 있는 것은 누군가가 공기와 중력을 만들었기 때문입니다. 자기가 만들었다고 아무도 나서지 않는다고 해서 모른다고 말하지 마십시오. 그것들은 창조주 하나님이 만드셨습니다.

하나님은 눈으로 볼 수 없으나 이미 나의 가장 가까운 곳에 임재해 계십니다. 만물 안에 이미 내재하십니다. 다만 내가 하나님의 임재를 감지할지 못할 뿐입니다. 성령과 교신하는 영적 안테나가 멈춰 있기 때문입니다. 신앙생활은 멈춘 영적 안테나를 가동시키는 과정입니다. 복음을 듣고 믿고 살아갈 때 고갈된 영적 배터리가 저절로 충전되어 살아납니다.

하나님은 우리의 여정에 언제나 동행하십니다. 마음을 열고 그 중심에, 당신의 생각에 하나님을 받아들이십시오. 예수님을 통하여 배우고 배운 바를 삶에 적용해보십시오. 그러면 가는 길이 훨씬 여유로워질 것입니다.

14강 | 출애굽기 14:13-14

제발 입 다물고
잠잠하여라

'인간의 끝은 하나님의 시작' 입니다.
하나님의 시각으로 바라볼 때 인생의 잡다한 일들이 제자리를 찾습니다.
사는게 훨씬 여유로워집니다.
나아가 하나님의 영광을 보게 됩니다.

출애굽기 14강

이집트 파라오는 기가 막혔습니다. 그 누구도 넘보지 못하는 초강대국 이집트가 한낱 여든 살 목동에게 당한 것입니다. 1년도 안 되는 기간 동안 엄청난 일들을 속수무책으로 당했습니다. 국토는 초토화되었고, 황태자는 비명횡사했고, 200만 명이나 되는 노예를 졸지에 잃었습니다. 실로 엄청난 국력의 손실이 아닐 수 없습니다.

어떻게 이런 일이 있을 수 있단 말입니까? 황제인 그는 그 사태를 수습하고 손실을 최소화해야 했습니다. 그는 역시 유능한 군주였습니다. 황태자를 잃은 슬픔을 뒤로 한 채 이스라엘의 행로를 추적하라고 명령함으로 사태 수습의 첫걸음을 내딛었습니다. "그래 봤자 무기도 변변치 않은 오합지졸들이다. 그들을 추격하라!" 이집트 파라오의 정예부대는 완전무장하고 위용을 자랑하는 전차 군단을 앞세워 이스라엘을 맹추격했습니다.

이스라엘의 행로를 한동안 뒤쫓던 이집트의 선봉 부대는 문득 이상한 생각이 들었습니다. 이스라엘이 도무지 납득되지 않는 방향으로 가고 있었기 때문입니다. 그곳은 홍해로 이어지는 막다른 길이었습니다. 독안으로 스스로 들어가는 쥐라고나 할까요? 추격 대장은 회심의 미소를 지으며 그 기쁜 소식을 급히 파라오에게 보고했습니다. 가장 빠른 병거로 바람처럼 날아가 보고했습니다. "폐하! 걱정할 것이 없는 듯하옵니다."

보고를 들은 파라오는 쾌재를 불렀습니다. "그들이 그 땅에서 멀리 떠나 광야에 갇힌 바 되었다"(출 14:3). 성경에 적힌 파라오의 생각입니다.

그리하여 특별 병거 600승과 이집트에서 동원할 수 있는 모든 병거를 모아 이스라엘의 추격에 더욱 박차를 가했습니다. 당시 병거는 오늘날로 말하면 탱크입니다. 말 네 마리가 이끄는 병거가 적진을 헤집고 다니면 창과 칼로 무장한 당시 군사들은 바람 앞에 낙엽과 같이 흩어졌습니다.

그러니 이스라엘 백성은 독 안에 든 쥐나 다름없었습니다. 앞에는 검푸른 파도가 삼킬 듯이 넘실대는 바다요, 뒤에는 막강 이집트 군단이 달려오고 있으니 진퇴양난에 빠진 것입니다.

살다보면 이런 위급한 상황, 도저히 빠져나가지 못하는 상황에 처할 때가 종종 있습니다. 사업이 망했습니다. 집까지 잃었습니다. 실의에 빠진 남편은 매일 술로 날을 지새웁니다. 아내는 가출하고, 아이들은 아이들대로 학교를 그만두고 뿔뿔이 흩어집니다. 졸업은 했는데 취직이 안 됩니다. 집안이 어려워 기댈 곳도 없습니다. 빚은 산더미 같은데 남편은 병으로 죽어갑니다.

제가 미국에서 귀국한 직후의 일입니다. 한 남자가 교회 지하실 방에 기거하기 시작했는데 행색은 부잣집 귀공자 같았습니다. 아니나 다를까, 알고 보니 아버지에게 잘 나가는 중견 기업체를 물려받았다가 무엇을 어떻게 잘못했는지 무려 80억 원의 부도를 내고 피신해온 것이었습니다. 10여 년 전의 80억 원. 그 엄청난 돈을 어떻게 갚을 수 있을까요?

이스라엘이 바로 그런 상황에 처했습니다. 파라오의 군대가 쫓아오자 이스라엘 백성들에게서 탄식과 아우성이 터져나옵니다. 왜 안 그러겠습니까?

"이집트에 매장지가 없어 우리를 이끌어내어 이 광야에서 죽게 하느냐!?"

"우리를 내버려두라고 하지 않았느냐?"

"그냥 이집트 사람의 노예 노릇을 하다가 죽겠다고 하지 않았느냐?"

"여기서 이렇게 죽는 것보다 노예로 사는 게 훨씬 낫다."

당연한 탄식들입니다.

그런데 그들이 여기까지 오게 된 경위를 되짚어보십시오. 그 모든 상황은 하나님의 철저한 계획 아래 진행되고 있습니다. 그들을 여기로 이끈 것은 모세의 판단이 아니라 하나님의 계획이었습니다. "이스라엘 자손에게 명령하여 돌이켜 바다와 믹돌 사이의 비하히롯 앞 곧 바알스본 맞은편 바닷가에 장막을 치게 하라"(출 14:2). 믹돌과 비하히롯은 이집트의 비문에도 나와 있는 지명입니다. 이스라엘 백성의 출애굽은 옛 전설이 아니라 역사적으로 엄연한 사실입니다.

왜 이렇게 하라고 하셨을까요? 하나님의 의도가 출애굽기 14장 4절에 나옵니다.

"내가 바로의 마음을 완악하게 한즉 바로가 그들의 뒤를 따르리니 내가 그와 그 온 군대로 말미암아 영광을 얻어 애굽 사람들이 나를 여호와인 줄 알게 하리라."

한마디로 '하나님의 영광을 드러내기 위해서'입니다. 그래서

'여호와가 하나님임을 알게 하기 위해서'입니다. 하나님이 얼마나 하나님 자신을 알리고 싶어 하시는지 우리는 알아야 합니다. 이것은 인간이 자신을 드러내는 것과는 차원이 완전히 다릅니다. 잘 차려 입은 거지가 잘 얻어먹는다는 말도 있듯이 인간은 자신을 내세워 뭔가를 얻으려고 합니다. 그러나 하나님은 다릅니다. 우리가 하나님을 바로 알아야 제대로 살 수 있기 때문에 그렇게 하십니다.

하나님의 영광이란 과연 무엇일까요? 하나님의 영광이 무엇인지, 또 그 영광을 어떻게 다뤄야 하는지 아는 것은 신앙생활의 핵심 중 하나입니다.

엄청난 태풍이 불면 반경 수백 킬로미터 안에 있는 모든 것들이 심하게 흔들립니다. 우리나라 전체가 태풍의 영향권에 들어갑니다. 태풍이 오면 다들 전전긍긍합니다. 인명과 재산에 엄청난 피해를 입습니다. 그런데 이 태풍에서 무엇을 볼 수 있습니까?

하나님은 당신의 영광을 드러내기 위하여 우주 만물을 창조하셨습니다. 그러므로 피조물들, 세상의 모든 것이 존재하는 가장 큰 목적은 하나님의 영광을 드러내는 것입니다. 꽃은 피고 짐으로, 그리고 씨앗을 잉태함으로 하나님의 영광을 드러냅니다. 새는 창공을 날고 노래하며 하나님의 영광을 드러냅니다. 눈은 하늘에서 내리며 하나님의 영광을 드러냅니다. 날씨는 춥고 더움으로 하나님의 영광을 드러냅니다.

　태풍이나 폭설은 사람들에게 큰 불편과 손해를 끼칩니다. 그러나 사람에게 손해가 된다고 해서 그것이 하나님의 영광을 가린다고 생각하면 큰 오해입니다. 태풍이 없다면 바다 속에 산소가 공급되지 않아 한 달 안에 바다 속 생물들이 모두 죽는다고 합니다. 당장 인간에게 손해가 나더라도 더 큰 하나님의 영광을 생각해야 합니다. 태풍 또한 하나님의 사랑과 영광을 드러냅니다.

　사람들은 그저 투덜대고 원망하느라 하나님의 영광을 보지 못합니다. 그러나 욥은 태풍과 지진 가운데서 하나님의 세미한 음성을 들었습니다. 하나님의 영광을 보았다는 뜻입니다. 하나님의 영광 앞에서 욥이 당한 상상초월의 고난과 그에 대한 항변이 일순 침묵해버립니다.

　하나님은 사람들에게 하나님의 영광이 무엇인지 가르치기 위하여 계획을 세워 행동하십니다. 이집트 사람들에게, 또한 이스라엘 사람들에게 하나님의 영광이 무엇인지 가르치기 위해서 이스라엘 사람들을 홍해 길로 인도하셨고 이집트 군대로 하여금 그들을 추적하게 하셨습니다.

　하나님은 오늘도 동일하게 역사하십니다. 문제는 사람들이 그 역사 속에서 무엇을 보고, 어떻게 반응하느냐 하는 것입니다.

첫 번째 부류는 파라오 같은 태도를 가진 사람들입니다. 그의 맹렬한 추격을 보십시오. 열 가지 재앙을 겪으며 하나님의 영광과 권능을 보았음에도 불구하고 끝까지 하나님께 항복하지 않습니다. 하나님의 존재를 인정하지 않습니다. 하나님의 영광을 부인하고 하나님을 대적하는 태도가 아닐 수 없습니다.

하나님의 기적을 보아도 깨닫지 못하고, 하나님의 말씀을 들어도 이해하지 못하는 것은 모두 완악한 마음 때문입니다. 완악한 마음은 돌같이 굳어 있어서 진리의 샘물을 빨아들이지 못합니다. 말씀을 들어도, 설교를 들어도 의심합니다. 무언가 복선이 깔려 있다고 생각합니다. 자기중심으로 해석합니다.

하나님이 이스라엘 백성을 홍해 길로 인도하신 이유를 이스라엘 백성도 몰랐지만 이집트 파라오는 더더욱 알지 못했습니다. 그래서 절호의 기회라 생각하여 신나게 그들을 추격해온 것입니다. 그런데 그 길은 멸망과 심판의 마지막 길이었습니다.

두 번째 부류는 원망하고 낙담하는 사람들입니다. 이스라엘 백성은 열 가지 재앙에서 자신들을 보호해주신 하나님의 권능을 익히 보고도 원망했습니다. 왜 원망했습니까? 하나님의 역사하심을 보지 못하고 당장 눈앞에서 일어나고 있는 어려운 상황만 보았기 때문입니다.

어려운 환경 앞에서 우리는 언제나 맥이 빠집니다. 고통스러워합니다. 풍족한 환경에서 사는 사람들은 권태라는 함정에 빠집니다. 많은 성도들이 바로 이 부분에서 실패합니다.

그 절대 절명의 위급한 상황에서 모세가 어떻게 행동했는지 주목하십시오. 앞에는 바다가 보이고, 뒤에는 병거 소리가 요란하게 들립니다. 그런 상황에서 모세는 200만 이스라엘 백성을 이끄는 책임을 맡고 있습니다. 가슴은 철렁 내려앉고 머리는 아찔했을 것입니다.

그러나 모세는 아우성치는 이스라엘 백성을 향하여 외칩니다.

"너희는 두려워하지 말고 가만히 서서 여호와께서 오늘 너희를 위하여 행하시는 구원을 보라"(출 14:13).

"여호와께서 너희를 위하여 싸우시리니 너희는 가만히 있을지니라"(출 14:14).

그는 이미 여든 살에 이른 노인입니다. 장인의 양떼나 돌보던 목동이었습니다. 그런 모세가 이토록 담대할 수 있는 이유는 무엇입니까? 모세는 열 가지 재앙을 통하여 하나님께 시선을 고정하고 마음 두는 법을 배웠습니다. 이것이 바로 모세가 하나님을 신뢰할 수 있었던 비결입니다. 하나님은 모세가 보여준 태도를 우리도 보여주기를 바라십니다. 여든 살의 목동이 그랬다면 우리도 당연히 그럴 수 있습니다.

"인간의 끝은 하나님의 시작"입니다.

이 모든 상황을 누가 연출했습니까? 하나님입니다. 살면서 점점 더 절감하는 것이 있습니다. 고난은 100% 하나님으로부터 온다는 것입니다. 사람들은 고난을 한사코 피하려고만 합니다. 편하게만 있으려고 합니다. 즐거움만 찾습니다. 그러다가 더 큰 올무에 걸려 듭니다. 하나님의 영광을 절대로 보지 못합니다.

그러나 하나님의 영광을 볼 수만 있다면 문제는 달라집니다. 하나님을 알면 알수록 고난의 때는 하나님이 허락하신 은혜의 시간임을 알게 됩니다. 그래서 예수님의 동생 야고보 사도는 이렇게 말합니다.

"내 형제들아 너희가 여러 가지 시험을 당하거든 온전히 기쁘게 여기라"(약 1:2).

뚱딴지 같은 말씀이지만 그런 말을 하는 이유가 다 있습니다.

"이는 너희 믿음의 시련이 인내를 만들어내는 줄 너희가 앎이라. 인내를 온전히 이루라. 이는 너희로 온전하고 구비하여 조금도 부족함이 없게 하여 함이라"(약 1:3-4).

신앙생활의 목표는 안락하고 쾌적하고 즐겁고 풍족한 삶이 아닙니다. 훈련을 통하여 하나님의 사람이 되는 것입니다. 하나님의 사람이 된다는 것은 어떤 상황 속에서도 하나님의 영광을 본다는 것입니다. 이런 자를 가리켜 성경은 '온전한 사람'이라고 말합니다. 하나님의 온전한 사람이 되면, 고난은 더 이상 고난이 아니며 그 고난을 헤치고 나갈 길이 보입니다.

"너희는 두려워하지 말고 가만히 서서 여호와께서 오늘 너희를 위하여 행하시는 구원을 보라"(출 14:13).

'가만히 있으라'는 대단히 특이한 단어입니다. 라틴어 명령형은 *vacate*입니다. 이 말에서 '휴가'라는 뜻의 vacation이 나왔습니다. 하나님의 말씀은 "놀랄 것 하나 없다. 나랑 휴가나 가자. 마침 저기 언덕이 있으니 올라가서 전쟁 구경이나 하자"는 것입니다. '이런 상황에서 휴가라니. 파라오가 저렇게 독을 품고 달려오는데 제 정신입니까?' 얼마든지 그렇게 생각할 수 있습니다. 사람들의 아우성이 하늘을 찌르는데도 하나님의 사람 모세는 추호도 흔들리지 않고 이렇게 말합니다.

"여호와께서 너희를 위하여 싸우시리니 너희는 가만히 있을지어다"(출 14:14).

하나님은 당면한 문제에 코를 박고 아등바등하는 우리를 불러서 잠시 쉬자고, 잠시 '땡땡이치자'고 손을 잡아끄십니다. "공부가 다냐? 우리 담치기 하자"고 꼬드기는 악동 친구 같습니다.

지나온 날들을 돌아보았습니다. 그때 왜 제가 그토록 절망하고 흥분했는지 모르겠습니다. 물론 힘들었고, 돈은 떨어지고, 살길이 막막했고, 미래는 암담했습니다. 그런데도 저는 지금 멀쩡히 살아서 글을 쓰고 있습니다.

시편 46편 10절에도 같은 말씀이 기록되어 있습니다.

"너희는 가만히 있어 내가 하나님 됨을 알지어다. 내가 뭇 나라 중에 높임을 받으리라."

하나님은 그저 한가하게 시간을 보내자고 우리를 부르시는 게 아닙니다. 그렇게 부르시는 데는 딱 하나의 목표가 있습니다. '하나님 됨을 알게 하는 것' 입니다.

하나님 됨을 알기 위해서는 해야 할 일이 있습니다.

첫째, 우리가 하나님 노릇하는 것을 멈춰야 합니다. 하나님의 자리를 꿰차고서 내 힘으로 닥친 일들을 처리하려 들지 말고, 하나님이 하나님 되시도록 그분께 모든 일을 맡기는 것입니다. 자신이 얼마나 별 볼일 없는 존재인지는 자신이 가장 잘 압니다. 그러니 당황하고 놀라고 날뛸 수밖에요. 그러나 지금 벌어지는 상황은 하나님이 연출하신 것이므로 당연히 하나님이 알아서 처리하실 것입니다.

둘째, 하나님의 시각으로 내려다보아야 합니다. 뒷동산에만 올라도 마을 전체가 내려다보입니다. 높이 올라갈수록 한눈에 문제가 들어오고 해답이 보입니다.

어렸던 시절, 형편이 어려웠던 그때에도 소풍이란 것을 갔습니다. 도시 한가운데 있는 산에 올라가서 우리 집도 찾아보고 학교도 내려다보며 좋아했습니다. 멀리 바다와 떠 있는 섬들과 오가는 배들을 보니 가난이 별것 아니라는 생각도 들었습니다. 그래서 즐겁게 놀았습니다. 일 년에 두 번 있는 소풍 때나 먹어보는 사이다와 김밥에 그 즐거움은 두세 배로 커졌습니다.

못살겠다고 아우성치기 전에 하나님과 함께 뒷동산에라도 올라봅시다. 바위에 앉아서 하나님과 도란도란 이야기를 나눠보십시오. 비록 내 잘못으로 인해 닥친 어려운 상황일지라도 하나님은 해답을 알고 계십니다.

하나님의 시각으로 삶을 바라본다면 잡다한 일들은 저절로 제자리를 찾게 마련입니다. 심각한 일이 없더라도 틈틈이 하나님의 시각으로 삶을 바라보는 시간을 가져보십시오. 사는 것이 훨씬 더 여유로워집니다. 나아가 하나님의 영광을 보게 됩니다.

다행히 이스라엘 백성들은 모세를 따랐습니다. 사실 대개 사람들은 지도자의 말을 잘 듣지 않습니다. 저도 목회하며 교인들에게 몇 번이나 "잠잠하십시오. 요동치 말고 하나님의 영광을 보십시오"라고 권고했지만, 그 말을 따르는 사람은 별로 없었습니다. 앞으로는 지도자가 그러라고 하면 한번 따라보십시오. 그런 사람들을 위해서 하나님이 행하시는 일이 있습니다.

"애굽 진과 이스라엘 진 사이에 이르러 서니 저쪽에는 구름과 흑암이 있고 이쪽에는 밤이 밝으므로 밤새도록 저쪽이 이쪽에 가까이 못하였더라"(출 14:20).

앞서서 이스라엘 백성을 인도하던 거대한 구름기둥이 어느덧 뒤편으로 움직이더니 파라오와 이집트 군대를 떡하니 가로막고 섰습니다. 이처럼 하나님은 보호 조치를 내리십니다. 그리고 차근차근 구원의 수순을 밟으십니다. 우리는 그저 그것을 잘 따라 행하면 됩니다. 잃은 것을 찾겠다고 설쳐서는 절대로 안 됩니다. 그랬다가는 오히려 몽땅 잃고 맙니다. 믿고 따라가면 나중에 하나님이 알아서 천천히 전부 회복시켜주십니다.

하나님은 홍해를 가르기 시작하셨습니다. 모세가 지팡이로 내려치자 홍해가 순식간에 '쫙' 갈라졌다고 흔히들 생각하지만 사실은 그렇지 않습니다.

"모세가 바다 위로 손을 내밀매 여호와께서 큰 동풍이 밤새도록 바닷물을 물러가게 하시니 물이 갈라져 바다가 마른 땅이 된지라"

(출 14:21).

이것이 홍해 사건의 진상입니다. 너무 극적인 것을 좋아하지 마십시오. 눈이 휘둥그레지는 일만 하나님의 기적이라 여기는 나쁜 경향이 있는데, 사실은 꽃 피고 새 울고 잠자리 나는 것, 파리가 유리창에 앉아도 떨어지지 않는 것이 하나님의 기적입니다. 이 세상에 기적 아닌 일이 어디 있습니까? 크게 생각해보십시오. 지구는 우주에 둥둥 떠 있는데 우리들은 그 땅을 딛고 서 있습니다. 설사 영화에서처럼 홍해가 쫙 갈라진들 그것이 하나님께 무슨 큰일이겠습니까?

하나님이 그렇게 홍해를 갈라 바닷길을 여셨습니다. 이스라엘 백성들은 그 길을 마른 땅 지나듯 지나갔고, 그 후 이집트 전차 군단은 바닷물에 수장되고 말았습니다.

지나온 한때, 그때는 그 일로 죽을 것만 같았는데 지금 멀쩡하게 살아 있는 사람들이 있습니다. 아니 훨씬 더 잘나가는 사람들도 있습니다. 그러므로 언제나 하나님의 사랑과 권능을 잊지 마십시오.

이 글을 쓰고 있을 때, 미국 다우지수가 7,000선으로 주저앉고 말았습니다. 우리나라 코스닥 지수도 1,000 밑으로 추락했습니다. 온 세상이 미국 발 금융 위기로 휘청거리고 있습니다. 초강대국 미국이 휘청거리니 개인의 어려움은 이루 말로 다 할 수 없습니다.

왜 이런 일이 일어났을까요? 그것은 바로 인간의 탐욕 때문입니다. 위기의 발원지가 기독교 국가인 미국에서 시작되었다는 점 또한 시사하는 바가 많습니다.

그동안 공산주의에 대해서 많은 비판이 있었습니다. 공산주의는 자체 모순 때문에 붕괴되었습니다. 그 모습을 보며 우리는 민주주의와 자본주의야말로 인간에게 가장 적합한 제도라고 자부해왔습니다. 그런데 그 자본주의의 끝에 와버린 것입니다.

메이도프나 스탠퍼드 등 미국의 대형 금융 사기범들 주위에는 혈연, 학연 그리고 교회연敎會緣 등으로 얽힌 사람들이 포진하여 바람을 잡았습니다. 이들은 부자였고 존경받는 인물들이었습니다. 돈 욕심을 부릴 아무런 필요가 없었습니다. 가난한 중남미 나라들을 상대로 금융사기를 쳤던 스탠퍼드는 미국에서 207번째 부자입니다. 사기 총액은 80억 달러였습니다. 그보다 더 부자인 메이도프가 사기 친 총액은 500억 달러가 넘습니다. 이들 때문에 연쇄적으로 난 피해액은 도저히 계산할 수 없을 정도입니다. 이런 통탄할 일이 어디 있습니까? 신문에는 분명 '교회연'이라는 단어가 뚜렷했습니다.

교회연이 기득권이 되어 나쁜 일을 도모하는 데 큰 몫을 한 것으로 보자면 대한민국이 원조일 것입니다. 신도시가 개발되면 가장 먼저 진출하는 것이 교회입니다.

지금 하나님은 인간의 탐욕을 정리하시는 중입니다. 금융 위기의 와중에 우리가 무엇을 놓고 부르짖어 기도하는지 잘 생각해보십시오. 이 금융 위기를 멈춰달라는 것 아닙니까? 그런데 그런 기도를 할 때가 아닙니다. 멈춰야 할 것은 금융 위기가 아니라 우리의 탐욕입니다. 그저 잠잠하여 하나님의 구원하심을 볼 때입니다.

"진노 중에라도 긍휼을 잊지 마옵소서"(합 3:2)라고 하박국 선지자는 기도했습니다.

하나님은 구원의 하나님입니다. 사랑의 하나님입니다. 우리를 굶기거나 죽이지 않으십니다. 그저 하나님의 처사에 순복하며 맡은 일이 아무리 힘들더라도 묵묵히 견디며 서로 격려해야 합니다. 어려움은 곧 지날 것입니다. 잘 견딘 사람들은 홍해가 갈라지는 장엄한 광경을 목도할 것입니다.

가끔 큰 숨을 쉬어보십시오. 이렇게 숨을 쉬는 것도 모두 하나님의 덕분입니다. 욕심 때문에 일 저지르고 죽네 사네 하는 일은 이제 그만둡시다.

출애굽기 15:21 | **15**강

Exodus

찬양은
영원하리라

이 땅을 딛고 사는 동안 성도들의 입에서
찬양이 떠나서는 안 됩니다.
이 땅을 떠나면서 자손들에게 가르칠 노래 역시 찬양입니다.
그 찬양은 하늘나라 주님 앞까지 이어집니다.

출애굽기 15강

"나라와 천하가 망하려면 그 음악부터 썩는다"라는 말이 있습니다. 옛 고전인 시경 중 '예기'의 '악기' 편에 나오는 말입니다.

음악이 썩으면, 시가 난잡해지고, 시가 난잡해지면, 무용이 거칠고 천박해지며, 그러면 사회 질서와 예가 허물어지고, 사회 이론과 철학과 정치가 붕괴되기 시작한다는 것입니다. 그에 따라 민심이 소란해지고 가렴주구와 거짓말이 횡행하며, 나아가 동식물이나 무기물까지 생명의 질서로부터 이탈하여 기형이 되고 변질된다는 것입니다.

과학자들이 무를 키우며 실험을 해보았습니다.

한 군은 그냥 보통 방법으로, 또 한 군은 밝고 따뜻하고 경쾌한 음악을 들려주며, 나머지 한 군은 헤비메탈 같은 시끄럽고 무절제한 음악을 들려주며 키웠습니다. 그 결과는 놀라웠습니다. 밝고 따뜻한 음악을 들으며 자라난 무는 보통 방법으로 키운 무보다 1.5배 이상 컸으며, 그 모양도 잔뿌리 없이 아주 매끈하고 예뻤습니다. 그런데 시끄러운 음악을 들으며 큰 무는 크기도 작고 여러 갈래로 갈라진데다 잔뿌리도 대단히 많았습니다.

음악은 단순한 예술 장르가 아니라 사회의 건강을 측정하는 바로미터며, 생명에 큰 영향을 미치는 강력한 힘이 있습니다. 그래서 의식 있는 성현들은 사회가 흔들리면 새로운 음악을 지어서 가르쳤습니다. 고대 중국의 이상향으로 동경하는 순 임금 때는 순 임금의 음악이 있었고, 요 임금 때에는 요 임금의 음악이 있었다고 합니다. 음악으로 인간의 마음을 감화시키고 더 나아가서 만물의 마음을 감화시키고 세상을 치유하여 건강하게 만들었습니다. 새로운 음악은 새로운 시대를 만듭니다.

"너희는 여호와를 찬송하라. 그는 높고 영화로우심이요 말과 그 탄 자를 바다에 던지셨음이로다"(출 15:21).

미리암이 지은 노래입니다. 학자들은 미리암의 이 노래를 현존하는 가장 오래된 노래라고 추정합니다. 미리암은 모세와 아론의 누이이며 최초의 여선지자입니다. 미리암은 하나님이 홍해를 가르고, 이스라엘 백성을 구원하실 뿐만 아니라 원수 이집트 군사를 바다에 수장시키시는 놀라운 광경을 보고 감격했습니다.

이 노래를 부르자 모든 여인들이 북 치고 춤추며 화답했습니다. 200만 명이나 되는 이스라엘 민족이 한데 어울려 덩실덩실 춤추는 광경을 상상해보십시오. 모두가 감격하며 하나님께 영광을 돌렸습니다.

이 노래는 대략 3500년이라는 세월 동안 입에서 입으로 전해 내려왔습니다. 출애굽기 15장 1-18절에 기록된 모세의 노래를 응축한 정수로 여겨집니다. 모세의 노래는 역사상 가장 극적이었던 홍해 사건을 주제로 하고 있습니다.

"내가 여호와를 찬송하리니 그는 높고 영화로우심이요 말과 그 탄 자를 바다에 던지셨음이로다.… 주의 콧김에 물이 쌓이되 파도가 언덕같이 일어서고 큰물이 바다 가운데 엉기니이다.… 주께서 바람을 일으키시매 바다가 그들을 덮으니 그들이 거센 물에 납같이 잠기었나이다."

여기에 기록된 모세의 긴 노래가 세월이 흐르며 입에서 입으로 전해지면서 단 두 줄로 압축된 것이 미리암의 노래입니다.

사람들은 저마다 기막힌 사연들을 안고 살아갑니다. 어떤 사람들은 너무 고생하여 자기 얘기를 쓰자면 소설책 스무 권으로도 모자란다고 말합니다. 그런데 그 길고 긴 사연을 한마디로 어떻게 요약할 수 있을까요? 자신의 생애를 한마디로 뭐라고 말할 수 있을까요?

세상 떠나갈 때는 한 가지 생각만 가지고 간다는데 어떤 말을 가져가겠습니까? 산다는 것은 그 마지막 말을 준비하는 과정이 아닐까요? 그 마지막 말이 곧 나 자신이며, 그것으로 내 인생 전체가 결정되기 때문입니다.

미리암의 노래는 우리가 마지막에 어떤 말 한마디를 해야 할지 가르쳐줍니다.

"너희는 여호와를 찬송하라."

이것이 이 노래가 소중한 첫 번째 이유입니다. '찬양하다'는 영광 돌리는 것을 말합니다. 음악으로, 노래로 하나님께 영광 돌리는 것입니다. 왜 하나님은 천지 만물과 사람을 창조하셨습니까? 영광을 받으시기 위해서입니다.

"하나님께 영광 돌린다." 혹시 너무 많이 들어 진부하게 들립니까? 그것이 바로 신앙생활의 최대 딜레마입니다. 일상에서 모든 것이 시들해지는 권태기가 오듯이, 하나님께 영광을 돌리는 일이 매너리즘에 빠진 것입니다. 새로운 마음으로 하나님께 영광 돌리겠다고 결단해야 새로운 활력을 찾을 수 있습니다.

언제나 수심이 가득한 한 권사님을 오랜만에 만났는데 얼굴이 밝게 빛나고 있었습니다. 그래서 생활이 좀 풀렸나 생각했습니다. 그런데 그게 아니었습니다. 사는 형편은 여전했지만 이런 말씀을 하시더군요. "예수님이 사랑의 대상이라는 사실을 처음 알았어요." 평생 동안 하나님을 신앙생활 게을리 하면 혼내는 분, 내가 바라는 게 있을 때 매달리는 분, 복을 비는 대상으로만 알았다가 그분이 자신이 가장 사랑하는 대상이라는 사실을 비로소 깨달았다는 것입니다.

사랑을 하면 예뻐진다고 합니다. 사랑을 하면서 생기와 의미와 활력과 목표가 생기기 때문입니다. 중요한 것은 그것이 스스로 다짐하며 세운 게 아니라 사랑의 관계에서 자신도 모르게 생긴다는 점입니다.

누군가를 사랑하면 그 사람을 향한 생기와 의미와 목표가 생깁니다. 그래서 사랑하는 사람이 원하는 대로 움직입니다. 돈을 사랑하면 돈을 향한 생기와 의미와 목표가 생깁니다. 자연히 돈이 원하는 대로 움직입니다. 그 끝이 어떤지는 누구나 다 압니다. 하나님을 사랑하면 하나님을 향한 의미와 목표가 생깁니다. 하나님은 나를 포함한 만물을 창조하고 조화롭게 움직이시는 분입니다. 그런

분을 사랑하는 나는 자연히 부조화와 탐욕과 한계와 더러움으로부터 점점 멀어지고 그분을 닮아가게 됩니다.

최고의 찬양은 무엇일까요? 사랑하는 사람으로부터 무엇을 받고 싶습니까? 바로 사랑하는 마음 그 자체입니다. 하나님을 누구보다도 사랑하는 마음 자체가 하나님께 최고의 영광이 됩니다. 그래서 난생 처음으로 하나님을 사랑하게 된 그 권사님의 얼굴이 해처럼 빛나게 된 것입니다.

죽을 때 무엇을 가지고 가시렵니까? '하나님을 사랑하는 마음', 그 한 가지입니다.

미리암의 노래에 이어지는 구절은 "말과 그 탄 자를 바다에 던지셨음이로다"입니다.

누가 이 노래를 불렀는지 생각해봅시다. 바로 하나님의 구원을 경험한 사람들입니다. 미리암의 노래는 그렇게 하나님의 은혜를 모르는 사람들은 결코 부를 수 없는 노래였습니다.

당시 사람들은 아무나 말을 타지 못했습니다. 말은 존귀함의 상징이었습니다. 누구나 말을 타고 싶어 했고, 말을 타면 목에 힘을 주고 다녔으며, 말을 타지 못해 억울해 했습니다. 사람들은 말 탄 자에게 복종하고 시달리며 살았습니다. 그런데 하나님이 말과 말에 탄 자를 바다에 던져버리셨습니다. 그것은 곧 해방과 구원을 의미합니다. 그 일은 오직 하나님의 능력으로 이루어졌습니다. 그렇게 미리암의 노래는 구원받은 자들만 부를 수 있는 노래입니다.

하나님의 은혜와 능력을 체험한 사람, 하나님을 사랑하게 된 사람은 자연스레 세상과 구별되기 시작합니다. 그래서 그들을 '성도 聖徒', 즉 구별된 사람이라고 부릅니다. 교회 다닌다고 해서 모두 성도는 아닙니다. 처용문화제는 없애야 할 미신 축제라며 목소리 높인다고 해서 성도가 되는 것이 아닙니다.

시편 40편 1-3절에서 다윗은 다음과 같이 노래합니다.

"내가 여호와를 기다리고 기다렸더니 귀를 기울이사 나의 부르짖음을 들으셨도다. 나를 기가 막힐 웅덩이와 수렁에서 끌어올리시고 내 발을 반석 위에 두사 내 걸음을 견고케 하셨도다. 새 노래 곧 우리 하나님께 올릴 찬송을 내 입에 두셨으니 많은 사람이 보고 두려워하여 여호와를 의지하리로다."

다윗도 절대 절명의 위기 가운데서, 사망의 음침한 골짜기에서 여러 번 구원을 받았습니다. 그리고 그 구원을 통하여 '새 노래'를 배웠습니다. 그런데 그 새 노래를 '하나님께 올릴 찬송'이라고 말합니다. 그 노래는 스스로 지은 것이 아니라 '하나님이 그 입에 두신 것'이라고 말합니다. 새 노래, 곧 우리 하나님께 올릴 찬송을 하나님이 친히 가르쳐서 성도의 입에 두신 것입니다.

　미리암의 노래는 이스라엘이 부른 것이었으나, 그때까지 누구도 들어보지 못한 내용을 담은 전혀 새로운 차원의 노래, 하나님이 친히 가르치신 노래였습니다. 하나님은 출애굽 사건을 통하여 새로운 시대를 열고 새로운 노래를 가르치셨습니다. 그 노래와 함께 옛것을 잊게 하시고, 이스라엘 백성을 새로운 피조물로 재창조하시겠다는 뜻입니다.

　성가대에서 열심히 찬양하는 부부가 있습니다. 남편은 일찍이 부친을 여의고 홀어머니를 모시고 살았습니다. 그가 열네 살 때, 아버지가 돌아가시자 어머니는 너무나 상심하여 몇 날 며칠 동안 식음을 전폐했는데, 그는 그 모습을 보다 못해 학교를 그만두고 일거리를 찾아 헤맸습니다. 그래서 찾은 게 미싱 보조 일이었습니다. 하루 종일 일하고 받은 돈은 50원. 그 돈을 들고 늦은 저녁에 집으로 돌아와 울고 계신 어머니 손에 쥐어주며 "엄마, 울지 마. 이제부터 내가 돈 벌어올게"라고 말했답니다. 그는 그로부터 지금까지 옷 만드는 일을 계속해오고 있습니다. 부인도 그 일을 하다가 만났습니다.

　어릴 때부터 신앙생활을 한 그의 꿈은 성가대원이었습니다. 아름다운 가운을 입고 아름다운 소리로 하나님께 찬양 올리는 모습이 그렇게 좋을 수 없었다고 합니다. 그러나 학교를 제대로 다니지 못하는 바람에 악보를 볼 줄 몰라서 성가대에 들어갈 엄두를 내지 못했습니다. 그러다가 용기를 내어 성가대원이 되었습니다. 그는 성가대에서 연습하는 소리를 모두 녹음해서 직장에서 하루 종일 이어폰으로 들었습니다. 분명히 하나님은 그의 찬양을 가장 기쁘게 받으실 것입니다.

이스라엘의 광야 생활이 홍해 사건을 필두로 하여 미리암의 노래로 출발했다면, 요단 강을 건너기 직전, 광야 40년 생활을 마감할 때는 모세의 노래로 끝을 맺습니다.

모세가 죽기 직전, 이스라엘 백성에서 행한 고별 설교가 신명기입니다. 신명기는 젖과 꿀이 흐르는 가나안 땅에 들어가서도 하나님을 잊지 말고 그 계명을 힘써 지킬 것을 당부하는 내용으로 가득합니다. 모세는 마지막으로 당부합니다.

"그러므로 이제 너희는 이 노래를 써서 이스라엘 자손들에게 가르쳐 그들의 입으로 부르게 하여 이 노래로 나를 위하여 이스라엘 자손들에게 증거가 되게 하라"(신 31:19).

모세가 가르친 노래가 신명기 32장에 길게 기록되어 있습니다.

무슨 뜻입니까?

이스라엘 백성이 지나온 40년의 광야 생활은 곧 우리들이 살아가는 인생길입니다. 그래서 사도행전에서는 이 광야 40년을 '광야교회'(행 7:38)라고 했습니다. 광야교회는 하나님을 찬양하는 노래로 시작해서 역시 하나님을 찬양하는 노래로 끝을 맺습니다.

모든 성도들은 이 땅을 딛고 사는 동안 그 입에서 찬양이 떠나서는 안 됩니다. 이 땅을 떠나면서 자손들에게 가르칠 노래 역시 하나님께 올릴 찬양의 노래입니다.

찬양은 우리가 죽는다고 해서 끝나지 않습니다. 요한계시록 15장 2-4절 말씀입니다.

"또 내가 보니 불이 섞인 유리 바다 같은 것이 있고 짐승과 그의 우상과 그의 이름의 수를 이기고 벗어난 자들이 유리 바다 가에 서서 하나님의 거문고를 가지고 하나님의 종 모세의 노래, 어린 양의 노래를 불러 이르되."

성도들이 인생의 모든 험한 일을 견디고 이겨서 하늘나라 주님 앞으로 갑니다. 그리고 그곳 유리 바닷가에 서서 하나님의 거문고로 노래를 부를 것입니다. 그 노래는 놀랍게도 '모세의 노래', 곧 '미리암의 노래' 입니다. 그것은 우리를 구원해주신 예수 그리스도 어린 양의 노래입니다.

저는 인사동에 갈 때면 언제나 천도교 회관 유료 주차장에 주차를 합니다. 지난 역사 속에서 기독교가 천도교에 빚을 지고 있기 때문입니다. 주차비라도 보태려는 갸륵한(?) 마음이라고나 할까요.

천도교는 한때 전국적으로 400만 명의 교도를 거느린 우리나라 최대의 종교였습니다. 천도교는 우리나라 근대화에 큰 공헌을 했는데, 특히 어린이와 여자들의 지위 향상을 위하여 많은 애를 썼습니다. 어린이날을 만든 방정환 선생도 천도교도였고, 삼일운동을 주도한 세력도 천도교였습니다.

당시 한국 기독교는 신흥 세력으로서 교세가 미미했고 인정도 제대로 받지 못했습니다. 그런데 천도교는 중앙 교당을 짓는다는 명분으로 전국적으로 모금을 하여 삼일운동을 위한 재원을 마련했고, 신흥세력인 기독교에 도움을 요청했습니다. 기독교 정신, 예수님의 마음을 읽은 것입니다. 삼일운동 당시 민족 대표 33인 중 16명이 기독교인이었던 것은 천도교의 넓은 마음에서 비롯된 일이었습니다. 천도교는 만세 운동을 주도하면서도 자신을 내세우지 않았습니다.

그런데 그렇게 위세 당당했던 천도교는 지금은 젊은 층에서는 그 이름조차 잘 모를 정도로 쇠퇴했습니다. 여러 요인들이 있겠지만, 한 천도교도의 장례식에 참석해보니 그 원인의 한 가닥을 알

것 같았습니다. 제가 아는 분의 부친 장례식이었는데, 그 부친은 천도교를 살리기 위해서 천도교 찬송가를 작곡하는 일에 전 생애와 재산을 바쳤다고 합니다. 천도교에는 찬송가가 없었기 때문입니다. 물론 찬송가가 없다는 것이 천도교가 쇠퇴한 가장 큰 이유는 아니겠지만 중요한 요인 중 하나일 것입니다.

교회에 가면 찬송이 넘쳐납니다. 감사한 일입니다.

찬양은 하나님께 음악으로, 노래로 올리는 영광입니다.

찬양은 하나님이 친히 성도들의 입에 담아주신 새 노래입니다.

찬양은 타락한 인간의 시대를 물리치고 하나님의 시대로 인도하는 힘이 있습니다.

찬양은 인생의 출발점에서 마지막까지 부르는 노래입니다.

찬양은 우리 자녀들에게 가장 먼저 가르쳐야 하는 노래입니다.

찬양은 우리가 이 땅을 떠난 후 하나님 앞에서, 하나님의 거문고로 부를 어린 양의 노래입니다.

찬송가 가사를 마음에 새기며 힘차게 열심히 부릅시다.

찬송이 우리의 삶이 되게 합시다.

16강 | 출애굽기 15:24-25

하나님을
시험하라니요!

하나님은 우리를 시험하기 위해 험한 인생길로 인도하십니다.
그 사실을 알고 모르고에 따라 고난을 대하는 태도가
하늘과 땅만큼이나 차이 납니다.
우리는 고난 속에서 성숙해져 갑니다.

출애굽기 16강

미용실 '트위스트헤드'의 CEO 신민영 씨는 어린 시절, 청운의 꿈을 안고 어렵사리 외국어고등학교에 들어갔습니다. 그런데 기대와는 달리 어려운 시험을 통과한 동료 학생들의 태도가 별로 특별하지 않았습니다. 눈은 잔뜩 풀린데다, 도무지 학교생활에 열의를 보이지 않는 학생들이 의외로 많았습니다.

특히 그의 짝은 늘 나사 하나가 빠진 듯 삐걱거렸습니다. 학교에 오자마자 책상 위에 엎어져 논스톱으로 12시까지 자다가 점심을 먹고는 어디론가 사라졌습니다. 어렵게 입을 열 때면 언제나 심드렁한 표정으로 불평만 늘어놓았습니다. 당연히 전교 꼴등, 대학 진학조차도 이미 포기한 상태였습니다.

누가 봐도 구제불능이었던 짝궁을 졸업 후 10년 뒤에 다시 만났는데, 놀랍게도 그는 번듯한 광고회사의 사장이 되어 있었습니다. 전교에서 1, 2등 다투던 친구들보다 수입이 훨씬 많습니다. 날아갈 듯 경쾌한 태도와 신선한 그의 표정에서 예전 모습은 전혀 찾아볼 수 없었습니다.

"그땐 왜 그랬어?" 친구의 질문에 그가 한 대답은 너무나 심심합니다.

"그땐 목표가 없었어."

목표가 없으니 학교생활이 무의미했고, 사는 것이 심드렁했고, 마음은 칙칙했던 것이지요. 그러나 지금은 그의 모든 것이 달라졌습니다.

하루도 불평하지 않고 지나기 힘든 날들입니다. 특별히 현대의 복잡한 삶은 사람들로 하여금 끝없이 불평을 늘어놓게 만듭니다. 불평과 원망에서 자유로울 수 있는 사람은 드뭅니다. 정신과 의사는 정신 건강을 위해서 원망과 불평을 마음에 쌓아두지 말라고 충고하기도 합니다. 복잡한 삶에서 오는 어쩔 수 없는 사소한 불평과 원망은 한두 번의 투덜거림으로 해소한다고 하더라도, 고난에서 오는 원망과 불평은 심도 깊은 이해와 근본적인 해결책이 요구됩니다.

이스라엘 백성들은 지금 마라에서 불평을 하고 있습니다. 모세를 원망하고 있습니다. 그들은 이제 막 하나님이 홍해를 가르시는 놀라운 기적을 보았고, 엄청난 구원의 은총을 온몸으로 체험한 지 불과 사흘밖에 되지 않았는데도 불평을 늘어놓고 있습니다. 그 이유는 하나, 물이 쓰다는 것입니다. 물이 써서 마실 수가 없다는 것입니다.

'마라'는 '쓰다'는 뜻입니다. 물이 짜다 못해 쓴 맛이 날 정도여서 붙은 이름입니다.

지금 이스라엘 백성은 홍해를 건너 시내 광야를 향해 가는 중입니다. 광야란 낮에는 기온이 40, 50도 이상으로 오르는 반면, 밤에는 영하 가까이로 떨어지는 곳입니다. 나무나 풀이라고는 찾아볼 수 없고 가시덤불이 여기저기에 군락을 이루며, 바위와 자갈로 가득 찬 곳입니다. 시내는 물론 샘도 없습니다.

저도 성지 순례 때 이스라엘 백성의 심정을 이해하기 위해 그 길을 걸은 적이 있습니다. 정말 그랬습니다. 그런 곳을 사흘 동안 걸어갔으니 지칠 만도 합니다. 게다가 힘들여 찾은 샘물이 써서 마실 수 없으니 불평할 만도 합니다.

그런데 잠시 불평과 원망을 멈추고, 먼저 왜 하나님이 이스라엘 백성들을 광야로 인도하셨는지 그 이유를 알아보아야 합니다. 그렇게 하신 목적이 어디에 나와 있을까요?

성경을 공부할 때 꼭 물어야 하는 것이 무엇이라고 했습니까? "하나님이 왜 그리하셨나?"입니다. 하나님의 뜻을 바로 알고 그 뜻에 올바로 반응하는 것이 신앙생활의 본질이라는 사실을 잊지 마십시오.

"거기서 여호와께서 그들을 위하여 법도와 율례를 정하시고 그들을 시험하실새"(출 15:25).

하나님이 그들을 시내 광야로 인도하신 이유는 바로 '시험하기 위해서' 입니다.

우리와 예수님 간에 결정적 차이가 있습니다. 우리는 한사코 고난을 피하려 하고, 작은 고난이라도 닥치면 불평과 원망을 쏟아냅니다. 그러나 예수님은 장차 닥칠 고난을 다 알면서도 기꺼이 그 고난 가운데 자신을 던지고 묵묵히 견디십니다. 그 차이는 어디에서 오는 것일까요?

왜 우리들이 행복하지 못한지 아십니까? 예전보다 훨씬 잘 살게 된 현대인들의 비극은 know-how만 있고 know-why가 없다는 데 있습니다. 어떻게 광야를 건너는지는 알고 있는데, 왜 광야를 지나야 하는지는 모른다는 것입니다.

광야 정도가 아닙니다. 달이나 화성에까지 인공위성을 날려보내는 방법을 알고 있습니다. 얼마 전, 떠돌이 행성 위에 인공위성을 안착시켰다는 외신 보도가 있었습니다. 그 성공 확률은 100만 분의 1이었다고 합니다. 그러나 어떻게 해야 하는지 아는 과학자들은 그 일을 기어코 이루어냈습니다.

게놈 프로젝트로 인간의 유전자 지도가 판독되었습니다. 그래서 불치병을 고치고, 수명을 늘이는 방법을 알게 되었습니다. 이 모두가 know-how에 관한 것입니다. 그런데 왜 그 일을 하는지, 궁극적인 목적에 대하여 알지 못하고, 알려고도 하지 않습니다. 단지 수명을 늘이기 위해서, 불치병을 고치기 위해서라는 작은 목적은 알고 있습니다. 그러나 인간이 존재하는 궁극적인 이유, 왜 사는지, 왜 그런 일들이 일어나는지에 대한 하나님의 섭리는 모릅니다. 그래서 예전보다 오래 살게 되었으나 그에 비례하여 원망과 불평뿐만 아니라 불행과 고통과 고뇌와 갈등과 번민이 커집니다.

오리는 머리가 나쁩니다. 잘못한 새끼를 부리로 쪼면서 나무라다가 죽게 만들기도 합니다. 우리가 존재하는 궁극적인 이유를 모른다면 아무리 열심히 연구하고 일해도 머리 나쁜 어미 오리와 다를 바가 없습니다.

궁극적인 존재 이유를 아는 것, 하나님의 섭리를 아는 것, 그것이 바로 know-why입니다.

광야라는 말은 '시험'에서 유래했습니다. 광야는 곧 '시험하는 곳'입니다. 하나님이 이스라엘 백성을 시험하기 위해서 광야로 이끄셨다는 것입니다. 하나님은 우리를 시험하기 위해 험한 인생길로 인도하십니다. 그 사실을 아는 것과 모르는 것은 고난을 처리하는 데 있어서 하늘과 땅만큼이나 큰 차이가 납니다. 한마디로 그것을 예수님은 아셨고, 우리들은 모릅니다. 그래서 예수님은 고난을 침묵으로 견디며 이기셨고, 우리는 원망하고 불평하다가 지고 맙니다.

시험에는 세 종류가 있습니다.

첫째, 하나님의 시험, 곧 테스트입니다. 하나님의 사람들인 우리를 연단하고 훈련하기 위한 것입니다. 하나님이 아브라함에게 이삭을 바치라고 명령하신 것이 대표적인 하나님의 시험입니다. 아브라함은 이 시험을 잘 치러서 '믿음의 조상'이 되는 영광을 얻었습니다.

둘째, 사탄의 시험, 곧 유혹입니다. 사람으로 하여금 실족하여 하나님을 멀리하고 버리도록 만드는 데 그 목적이 있습니다. 아담과 이브가 에덴동산에서 받았던 시험과 예수님이 광야에서 40일 금식 후에 받았던 시험이 대표적입니다. 예수님은 사탄의 시험을 이기고 하나님과 함께하셨으나, 아담과 이브는 이 시험에 넘어가 하나님 곁을 떠났습니다.

　마지막으로, 단단히 기억해야 하는 시험이 있는데 인간의 시험, 곧 의심입니다. 사람들은 이 시험에 대하여 잘 알지 못하고 무심코, 생각 없이, 스스로 빠져버립니다.

　"그들이 여호와를 시험하여 이르기를 여호와께서 우리 중에 계신가 안 계신가 하였음이더라"(출 17:7).

　하나님의 존재를 의심하는 것입니다. '내가 이렇게 어려운 일을 당하고 있는데 하나님은 어디 계신 거야? 정말 있기라도 한 거야?' 이런 생각은 제법 믿음이 있다는 사람들이 합니다. 아예 믿음이 없는 사람들은 이런 말을 절대로 하지 않습니다.

　참 어이없는 일입니다. 하나님이 이스라엘 백성을 광야에서 시험하고 계시는 중에 오히려 이스라엘 백성이 하나님을 시험하고 있습니다. 하나님의 존재를 의심하는 것, 이것이 인간이 저지르는 대표적인 시험입니다.

　하나님의 존재를 의심하는 인간의 시험을 대수롭지 않게 여기는 경향이 있는데, 이것은 결코 간단한 문제가 아닙니다.

　예전에는 누구나 하나님의 존재를 믿었습니다. "하늘 무서운 줄 알고 살아야 한다"고 우리 선조들은 늘 말해왔습니다. 여기서 하늘은 곧 하나님입니다. 애국가에도 "하느님이 보우하사"라는 가사가 나옵니다. 이 하느님이 곧 여호와 하나님인 줄은 알지 못했지만, 사람들은 누구나 창조주, 절대 신의 존재를 당연히 생각했고 믿었습니다.

그러나 현대는 다릅니다. 많은 사람들, 심지어는 교인들까지 하나님의 존재를 의심합니다. 여기에 아주 무서운 함정이 있습니다. 하나님의 존재를 잘 안다고 해서 신앙심이 있다고 스스로 생각하는 것입니다. 그러나 그것은 착각 중에 가장 큰 착각입니다.

하나님이 살아 계심과 그분의 위대한 권능을 가장 잘 아는 존재가 마귀요, 사탄입니다. 그렇다고 마귀나 사탄을 결코 신앙인이라 부르지 않습니다. 하나님의 존재를 인정하는 것과 하나님께 의지하고 맡기는 신앙은 전혀 별개의 일입니다.

이스라엘 백성은 모두 다 하나님의 존재를 믿었습니다. 그분이 살아 계심을 믿었습니다. 그래서 430년 동안 노예생활을 하는 중에 하나님께 부르짖었고, 하나님은 그 부르짖음을 권념하셨습니다. 그러나 그들은 하나님이 모든 것을 해주시기에 그분을 믿고 따르면 광야에서도 살아남을 수 있다는 사실을 믿지 않았습니다. 그래서 그들의 입에서 원망과 불평이 터져 나오는 것입니다. 원망과 불평은 곧 불신앙의 소산입니다.

오직 하나님만 신뢰하고 의지할 때 우리는 비로소 참 신앙인이 됩니다. 인격이 변화되기 시작하고, 어떤 역경과 고난에도 바위처럼 흔들리지 않는 믿음의 사람으로 성장합니다.

바로 그것을 가르치기 위해 하나님은 이스라엘 백성을 광야로 인도하셨습니다. 지금도 우리를 광야로 인도하십니다. 하나님을 믿고 의지하는 법을 가르치기 위해, 물도 음식도 없고, 오직 찌는 한낮의 더위와 살 속으로 파고드는 한밤의 한기가 있는 광야로 인도하십니다.

우리는 고난을 당하면 그 원인을 찾고 분석하는 데 시간을 보냅니다. 고난의 원인을 찾아 또 다른 고난에 대비하는 것이 유익한 일이지만, 그 결과는 고난 제공자에 대한 원망과 불평으로 끝나는 경우가 대부분입니다.

헤럴드 A. 쿠시너라는 유대교 랍비에게 뜻하지 않은 고난이 찾아왔습니다. 아들 아론이 이유 없이 '조로증'에 걸렸기 때문입니다. 그는 아들이 늙어 죽어가는 불운한 고난 가운데서 고뇌하며 책 한 권을 썼습니다. 《왜 착한 사람에게 나쁜 일이 일어날까》라는 책입니다. 그런데 그가 발견한 것은 '인간의 불행 속에서 무력한 하나님'이었습니다. 억울함과 슬픔 때문이었을까요? 그는 유대교 랍

비였으나 고난을 주신 하나님을 올바로 이해하지 못했습니다.

고난 가운데 원망하고 있는 자신을 발견할 때면 즉시 확인 점검해야 할 일이 있습니다. 먼저, 내가 하나님을 믿고 의지하는지 하나님이 '테스트' 하고 계신다는 점입니다. 그 다음, 내가 과연 좋은 점수를 받고 있는가 하는 것입니다. 이러한 태도를 가질 때 우리는 비로소 하나님이 원하시는 결론에 도달할 수 있습니다.

고난은 '내게 무엇이 부족한지 보고 알 수 있게 하는 유일한 거울' 임을 알아야 합니다. 여태껏 자신이 꽤 쓸 만하고, 괜찮은 사람인 줄 알고 지냈는데, 작은 어려움 앞에서도 당황하고 화내고 불평하는 스스로를 보며 자신이 형편없음을 절감하게 됩니다. 그런 모습을 볼 수 있게 된다면 고난만큼 유용한 것도 없습니다.

"내가 성경을 읽지 말고, 성경이 나를 읽게 하라"는 말이 있습니다. 그것은 "내가 고난을 읽지 말고, 고난이 나를 읽게 하라"는 말과 맥을 같이합니다.

마라에서 이스라엘 백성들은 자신들이 얼마나 형편없는 존재인지 스스로 밝힌 것입니다. 그런데 이스라엘 백성들은 그런 자신들의 모습을 보지 못했습니다. 그래서 광야생활을 하는 40년 동안, 나아가서 젖과 꿀이 흐르는 가나안 땅에 들어왔을 때조차 고난 앞에서 똑같은 반응을 보였습니다.

"이는 내 능력이 약한 데서 온전하여짐이라 하신지라. 그러므로 도리어 크게 기뻐함으로 나의 여러 약한 것들에 대하여 자랑하리니 이는 그리스도의 능력이 내게 머물게 하려 함이라. 그러므로 내가 그리스도를 위하여 약한 것들과 능욕과 궁핍과 박해와 곤고를 기뻐하노니 이는 내가 약한 그때에 강함이라"(고후 12:9-10).

사도 바울의 고백은, 오직 생의 궁극적 목표를 발견하고 그 목표에 부응하는 사람만 할 수 있는 위대한 고백입니다. 그런 사람에게 고난은 불평의 원인을 제공하는 게 아니라 스스로를 보게 하고 더 자라게 하는 고맙기 그지없는 것입니다.

인생의 목표를 찾았습니까? 그렇다면 이제 고난을 잘 다루어야 합니다. 그때 유념해둘 것이 있습니다.

첫째, 하나님의 시험은 항상 시련과 고난을 통해서 오며, 사탄의 시험은 아름답고 매혹적인 모습으로 다가옵니다. 그런데 하나님의 시험은 언제나 끝이 있고, 언제나 유익하여 사람들을 살릴 뿐만 아니라 더욱 풍성하게 해줍니다. 반면에 사탄의 시험은 그 끝이 없습니다. 그럴듯해 보이지만 한번 걸려들면 생명이 시들어버리고 끝내는 소멸되고 맙니다. 탐욕은 바닷물과 같아서 그 물을 다 마시고도 목마름이 가시지 않습니다.

둘째, 사탄의 시험이든 사람의 시험이든 모든 시험은 오직 하나님 앞에서 해결됩니다. 다윗 왕도 사탄의 시험에 빠져 큰 죄를 범했습니다. 그러나 나단 선지자가 전하는 하나님의 말씀 앞에 무릎을 꿇었고, 비로소 사탄의 손아귀로부터 해방될 수 있었습니다.

"너희가 너희 하나님 나 여호와의 말을 들어 순종하고 내가 보기에 의를 행하며 내 계명에 귀를 기울이며 내 모든 규례를 지키면 내가 애굽 사람에게 내린 모든 질병 중 하나도 너희에게 내리지 아니하리니 나는 너희를 치료하는 여호와임이라"(출 15:26).

마라의 쓴물을 달게 한 후 하나님이 하신 말씀입니다. 이 사건을 통해서 이스라엘 백성은 하나님의 새로운 차원을 체험합니다. 곧 '치료하시는 하나님' 입니다.

"고난 없이도 배울 수 있다"고 말하지 마십시오. 그럴 수 있는 사람은 이 세상에 없습니다. 고난을 받지 않게 해달라고 아무리 기도해도 하나님은 잠시 완화는 해주실망정 완전히 제거하지는 않으십니다. 신앙생활은 고난을 통해 성숙해가는 과정이기 때문입니다. 고난을 통하여 나의 부족함을 보고 하나님의 새로운 면을 체험할 수 있습니다. 그 체험을 통하여 신앙의 지평이 넓어지고 깊이가 심화됩니다. 그 체험을 통한 신앙고백은 우리를 하나님께 인도하는 새로운 문이자 길이 됩니다.

출애굽기 16:22-30 | **17**강

Exodus

잘 들어,
첫 수업이야

안식일을 회복한다는 것은
하나님을 하나님으로 인정하며 그 안에서 살겠다는 결단입니다.
스스로의 힘으로는 살 수 없음을 고백하고,
오직 하나님만 의지하며 살겠다는 결심입니다.

출애굽기 17강

한 노인이 당대 유명한 시인이자 화가인 단테 가브리엘 로세티를 찾아왔습니다. 그의 손에는 그림 몇 점이 들려 있었습니다. 노인은 조심스럽게 말문을 열었습니다. "선생님, 바쁘신 줄 알지만 이 그림에 대해서 몇 마디 평을 해주십시오." 로세티는 첫 눈에 그 그림들이 아무런 가치가 없다는 것을 알아차렸습니다. 하지만 노인이 기분 상하지 않게 가능한 한 완곡하게 말하려고 했습니다. 노인은 말뜻을 곧 알아듣고 실망한 표정이었으나 어느 정도는 예상하고 있었다는 듯 담담하려고 애쓰는 것 같았습니다.

노인은 시간을 내주어 고맙다는 인사를 하면서 다른 부탁을 했습니다. "한 젊은이의 그림도 갖고 왔는데, 이것도 한번 봐주실 수 있겠습니까?" 그 그림들을 보는 순간 로세티의 얼굴이 밝아졌습니다. "참 좋은 그림입니다. 이 젊은이는 상당한 재능을 갖고 있군요." 노인은 로세티의 말에 큰 감동을 받은 듯했습니다. 로세티는 다시 물었습니다. "이 화가가 누구입니까?" 그러자 노인은 힘없이 대답했습니다. "제가 그 화가입니다. 40년 전에 제가 그린 그림입니다."

노인은 그 긴 세월 동안 자신의 재능을 소진해버린 것입니다. 사람을 가리켜 '만물의 영장'이라고 부릅니다. 그 어떤 존재보다 뛰어난 재능과 시간을 부여받았다는 것입니다. 그런데 그것으로 무엇을 하며 일생을 보내고 있습니까?

1620년 102명의 사람들은 어려운 중에 7년 동안 저축하여 배 한 척을 마련했습니다. 그 배에 몸을 싣고 험난한 대서양 항해에 나섰습니다. 65일 동안 항해한 끝에 아메리카 대륙 북동부 해안에 상륙했습니다. 긴 항해와 그해 겨울을 견디지 못하고 44명이 죽었습니다. 상륙한 지점에 마을을 만들고 이듬해에 마을 의회를 구성했습니다. 그 다음 해에 마을 의회 의원들은 서쪽 미개지 쪽으로 8km 남짓한 도로를 낼 계획을 세웠습니다. 네 번째 되던 해에 주민들은 그 계획은 공적 자금의 낭비라고 반대하며 의회를 탄핵하려고 나섰습니다. "누가 그 미개지로 가겠느냐?"는 논지였습니다.

이들이 누구였습니까? 4년 전 바다를 가로질러 5,000km나 항해하며 미지의 세계로 올 만큼 큰 비전을 갖고 있었던 사람들이었습니다. 잘 먹고 잘 살겠다는 육체의 문제가 아니라 신앙의 자유를 찾고자 영혼의 문제에 목숨을 걸었던 사람들입니다.

"고향과 친척과 아버지의 집을 떠나 내가 네게 보여줄 땅으로 가라"(창 12:1)는 명령에 따랐던 사람들이 4년도 안 되어 또 다시 고향과 친척과 아버지 집에 틀어박혀 한 발자국도 나가려 하지 않았던 것입니다.

혹시 나도 그런 사람들 중 하나가 아닐까요? 혹시 한국 교회들이 그런 것은 아닐까요? 단순히 교세 확장을 말하는 게 아닙니다. 성화聖化의 차원에서, 한국 기독교가 맡은 지도자 역할 차원에서 우리 자신을 돌아보자는 말입니다.

하나님이 노예 이스라엘 백성들을 구원하신 이유는 잘 먹고 잘 살라는 뜻에 있지 않습니다. 다른 말로 하면, 크리스천의 무병장수 부귀영화를 위해서 예수님이 이 땅에 오신 것이 아니라는 말입니다. 거기에는 더 크고 고귀한 뜻이 있습니다. 그것은 세상을 만들고 인간을 하나님의 형상으로 창조하신 뜻이기도 합니다. 인간이 존재하는 목적입니다. 하나님은 우리가 이 땅에서 살아가는 진정한 목적을 배우길 원하십니다.

홍해를 갈라 이스라엘 백성을 구원하신 하나님이 광야에서 그 백성을 먹이십니다. 물을 달라 하면 물을 주셨고, 배가 고프다고 하면 하늘에서 만나와 메추라기를 보내셨습니다. 그런데 하나님이 그렇게 공급하시는 데는 목적이 있습니다. 아주 중요한 사실을 가르치고 계십니다. 그것은 하나님의 첫 수업이었습니다. 그 수업을 들어봅시다.

"모세가 그들에게 이르되 여호와께서 이같이 말씀하셨느니라. 내일은 휴일이니 여호와께 거룩한 안식일이라. 너희가 구울 것은 굽고 삶을 것은 삶고 그 나머지는 다 너희를 위하여 아침까지 간수하라. 그들이 모세의 명령대로 아침까지 간수하였으나 냄새도 나지 아니하고 벌레도 생기지 아니한지라"(출 16:23-24).

만나는 매일 매일 당일에만 먹을 수 있는 음식이었으나, 안식일을 앞두고는 이틀 치를 준비하도록 허락하셨습니다. 안식일을 잘 지낼 수 있도록 배려하신 것입니다. 만나를 통하여 가르치신 첫 수업의 주제는 바로 '안식일' 입니다.

군대에 가서 제일 먼저 훈련하는 것은 총 쏘는 법도, 대포 조작하는 법도 아닙니다. 그것은 다름 아닌 '차려자세' 입니다. 가장 중요한 기본 자세이기 때문입니다. 이처럼 이스라엘에게 가장 중요하면서도 기본이 되는 것은 '안식일' 이었습니다.

안식일의 의미를 알기 위해서는 창세기로 돌아가야 합니다. 하나님은 엿새 동안 천하 만물과 사람을 창조하셨습니다. 그리고 7일째 되는 날이 돌아왔습니다. 하나님은 이날을 구별하고 두 가지 중요한 일을 하셨습니다. '안식일' 과 '에덴동산' 을 만드신 것입니다. 여기에 하나님이 천지를 창조하신 목적과 신비가 있습니다.

하나님은 우리를 영원한 안식과 평강이 있는 에덴동산으로 초대하십니다. "사랑하는 자녀들아, 이제 나와 더불어 이 낙원에서 영원한 안식을 누리자." 이것이 창조의 목적입니다.

안식일을 제대로 회복해야 에덴동산에 들어갈 수 있습니다. 안식일을 제대로 지키지 못하면 아무리 능력 있고 출세하고 사업이 번창해도 결코 에덴동산에 들어갈 수 없습니다. 안식일과 에덴동산은 동전의 양면처럼 서로 붙어 있습니다. 이것이 '안식일의 신비' 입니다.

아담과 이브가 에덴동산에서 쫓겨났습니다. 그 이유가 무엇입니까? 사탄의 꼬임에 빠져 스스로 하나님이 되고자 했기 때문입니다. "너희가 그것을 먹는 날에는 너희 눈이 밝아져 하나님과 같이 되어 선악을 알 줄 하나님이 아심이니라"(창 3:5). 사탄의 말에 의하면, 하나님이 금하신 선악과를 먹으면 '하나님과 같이 된다' 는 것입니다. 하나님같이 된다는 것이 무슨 뜻입니까? 한마디로 말해서, 내가 가지고 있는 것을 가지고 내 마음대로 산다는 것입니다.

인간을 한마디로 표현하자면 '한계성'입니다. 한계성이란 '결핍'의 다른 말입니다. 인간의 능력에는 한계가 있습니다. 지혜에도 한계가 있습니다. 그래서 어려운 일을 만나면 어찌할 바를 모릅니다. 자녀가 작은 문제로 속을 썩여도, 감기 몸살로 몸이 조금만 아파도 쩔쩔 맵니다. 그러면서도 다른 사람을 충고할 때면 갑자기 뭐든지 다 아는 하나님으로 돌변합니다. 그래서 세상은 스스로 하나님이 된 사람들의 탄식 소리로 가득합니다.

우리의 삶을 한번 객관적으로 바라보십시오. 다들 스스로 일해서 자기 빵을 얻고자 합니다. 자신의 지혜와 능력을 사용하여 생명을 연장시키고 생활 영역을 넓히고 안녕을 확보하려고 합니다. 이를 위해서 밤낮으로 일합니다. 그런데 그 결과가 무엇입니까? 한참 일해야 하는 40대의 사망률이 세계 최고라고 합니다. 잘 살아보겠다고 죽어라 일하다가 진짜 죽는 것입니다.

요즘 우리의 하나님은 휴대폰 같습니다. 예배 시간, 강의 시간 등 때와 장소를 가리지 않고 울려댑니다. 사람들은 아무리 중요한 일을 하고 있더라도 휴대폰 소리에 귀를 기울입니다. 휴대폰 소리에 귀 기울이듯이 하나님의 말씀에 귀를 기울인다면 얼마나 좋겠습니까?

 가만히 생각해보십시오. 휴대폰은 우리에게 편리함을 주고 생명을 확대하기 위해서 발명된 도구입니다. 그런데 한편으로는 우리를 구속하고 옭아매는 도구가 되었습니다. 이제는 휴대폰이 사람들의 마음까지 지배하여 사람들은 휴대폰이 손에 없으면 안절부절못합니다.

 현대 문명의 결과는 모두 이런 식입니다. 더 많은 것을 발명하고, 그것들에 속박을 당합니다. 그래 놓고는 휴식이 더 많이 필요하다고 아우성칩니다.

 문명의 이기들을 거부하자는 뜻이 아니라 본질을 보자는 말입니다. 주 5일 근무제, 주 4일 근무제가 되어도 현대인은 더 많은 휴식을 요구할 것입니다. 그러나 아무리 긴 휴식을 갖는다고 해도 안식은 결코 소유할 수 없습니다. '휴식'과 '안식'은 차원이 다르기 때문입니다. '휴식'이 몸, 더 나아가서 마음에 새 기운을 주는 것이라면, '안식'은 영혼에 생명을 공급하는 것입니다.

 휴식이 길게 늘어지면 불안과 무기력이 따라옵니다. 돈이 없으면 그에 대한 불안은 존재감마저 위협합니다. 돈이 많아서 놀고먹는다고 합시다. 그러면 반드시 권태가 찾아옵니다. 권태도 여행하고 쇼핑하고 여기저기 한눈팔며 그럭저럭 넘긴다고 합시다. 그런데 딱 한 가지 도저히 어쩌지 못하는 것이 있습니다. 죽음에 대한 공포입니다.

그러나 안식은 다릅니다. 안식은 하나님이 주시는 것입니다. 하나님은 흙으로 사람을 만들고 그 코에 생기를 불어넣으셨습니다. 그러자 아담과 이브는 육적 생명과 영적 생명의 결합체인 생령生靈이 되었습니다. 그리고 영이신 하나님과 더불어 안식했습니다. 이것이 첫 번째 안식, 타락 이전의 안식입니다. 아담과 이브의 거역이 없었다면 그 안식은 영원히 계속되었을 것입니다.

천국이란 육체를 벗고서 영으로 그 안식을 누리는 곳입니다. 진정한 성도들의 삶이란 육체를 입고 이 땅에 있을 때부터 그 안식을 누리는 삶이며, 그 안식은 천국으로 이어집니다. 여기서 죽음에 대한 공포는 찾아볼 수 없습니다.

천하 만물 가운데 하나님이 복 주신 것이 딱 두 개가 있습니다.

"하나님이 자기 형상 곧 하나님의 형상대로 사람을 창조하시되 남자와 여자를 창조하시고 하나님이 그들에게 복을 주시며"(창 1:27-28).

"하나님이 그 일곱째 날을 복되게 하사 거룩하게 하셨으니"(창 2:3).

두 말씀을 합하면 이렇습니다.

복된 존재(하나님의 형상) + 복된 시간(안식일) = 에덴동산(생명, 기쁨)

하나님의 형상을 회복하지 않고서는, 동시에 '안식일'을 회복하지 않고서는 결코 에덴동산에 들어갈 수 없습니다. 그래서 하나님은 광야에서 행한 첫 수업의 주제를 '안식일의 회복'으로 삼으셨습니다.

사람들은 그것을 모르지만 사탄은 너무나 잘 알고 있습니다. 사탄은 절대로 하나님을 부정하지 않습니다. 그저 사람들이 안식일(주일)을 지키지 못하도록, 설사 지켜도 형식적으로 지키게 만들 뿐입니다.

엿새 동안의 창조 사역으로 삶이 완성되는 것이 아닙니다. 이레째 안식일에 들어갈 때에만 삶이 완성됩니다. 안식일이 일하는 엿새를 위하여 존재하는 것이 아니라 엿새가 안식일을 위하여 존재함을 절대로 잊어서는 안 됩니다.

하나님은 안식일을 잘 지낼 수 있도록 만나 이틀 분을 준비해주셨습니다. 그럼에도 불구하고 이스라엘 백성들은 바구니를 들고 안식일에 만나를 주우러 들에 나갔습니다. 그러나 만나를 얻지 못했습니다.

"일곱째 날에 백성 중 어떤 사람들이 거두러 나갔다가 얻지 못하니라"(출 16:27).

첫 수업부터 '땡땡이'를 친 것입니다. 쉬라는 데 쉬지 않고 만나를 더 얻겠다고 들판으로 나간 것입니다. 이에 하나님이 엄명을 내리셨습니다.

"어느 때까지 너희가 내 계명과 내 율법을 지키지 아니하려느냐. 볼지어다. 여호와가 너희에게 안식일을 줌으로 여섯째 날에는 이틀 양식을 너희에게 주는 것이니 너희는 각기 처소에 있고 일곱째 날에는 아무도 그의 처소에서 나오지 말지니"(출 16:28-29).

그래서 이스라엘 백성들은 안식일이 되면 '방콕' 해야 했습니다. 방에 콕 틀어박혀 있어야 했습니다. 나중에 바리새인들은 하나님의 엄명을 잘 지킨답시고 안식일 법을 제정했는데 그 규례가 수백 종에 이르렀고, 사람들을 더욱 옥죄는 족쇄가 되었습니다. 법의 제정자인 하나님의 아들 예수님조차 자신들이 만든 안식일 법을 적용하여 십자가에 달아버렸습니다.

얼마나 기가 막힌 일입니까? 영혼까지 쉬라고 제정된 안식일을 오히려 가두고 묶고 죽이는 법으로 만든 것입니다. 인간의 어리석음에 끝이 없음을 마음에 새기십시오. 이런 일들은 오늘날 '주일' 적용에도 나타납니다. 주일은 교회 발전을 위해서 지친 현대인들을 동원하는 날로 변질되고 있습니다.

하나님의 창조물은 인간의 손에 쥐어졌을 때 어김없이 변질되고 맙니다. 신앙생활은 곧 하나님의 마음 읽기입니다. 주일은 하나님의 마음과 하나가 되는 날이며, 지친 영혼이 하나님으로부터 태초의 생기를 얻는 날, 천국을 미리 맛보는 날이 되어야 합니다.

안식일을 회복한다는 것은 하나님을 하나님으로 인정하며 그 안에서 살겠다는 결단입니다. 스스로의 힘으로 살 수 없음을 주 앞에 고백하고, 오로지 하나님만 의지하며 살겠다는 결심입니다.

예수님이 이 땅에 와서 안식일에 병자들을 고쳐주셨습니다. 안식일은 나도 모르게 앓고 있는 몸과 마음과 영혼의 병을 주님께 치유 받는 날입니다. 잃어버린 힘을 하나님께 부여받는 생명의 날입니다. 세상살이에 지친 내가 새 생명으로 회복되는 날입니다.

예수 그리스도를 믿는 우리들은 안식일을 '주일主日'이라고 부릅니다. The Lord's Day. 우리의 날이 아니라 주님의 날입니다. 주님이 우리를 위하여 일하시는 날입니다. 그 주님을 전적으로 믿고 의지할 때, 우리에게 생명과 기쁨과 행복이 넘치는 에덴동산이 반드시 허락될 것입니다.

출애굽기 17:15-16 | # 18강

Exodus

여호와닛시

하나님의 지도자는 자기 경험에 기대지 않습니다.
신앙생활이란 것 역시 내 경험이
하나님의 지혜와 능력으로
전환되는 과정입니다.
내가 아닌 하나님을 앞세우는 것입니다.

출애굽기 18강

　모든 종교는 신에게 복 받는 비결을 열심히 가르치고 실행합니다. 기독교도 예외가 아닙니다. 요즈음은 많은 교회들이 하나님께 복 받는 비결만 가르치고 있습니다. 그런데 하라는 대로 다했는데도 하나님으로부터 응답이 없다면 심정이 어떨까요? 실망하는 정도가 아니라 하나님마저 의심하게 될 것입니다. 목사들은 이때를 절대로 놓쳐서는 안 됩니다. 놓쳤다가는 목회에 성공할 수 없습니다. 그래서 목사들은 응답받지 못하는 이유를, 교인들의 인내와 정성 부족으로 돌리거나 무응답에 더 깊은 뜻이 있다고 가르칩니다.
　사실이 그렇습니다. 저도 목회자로서 그렇게 말해놓고는 마음 졸였던 적이 한두 번이 아닙니다. 하나님의 응답이 없을 때 제 자신부터 낙담하게 됩니다. 그런데 과연 신앙생활이라는 것이 그게 전부일까요? 더 중요한 다른 것이 있지 않을까요?

  홍해를 건너 시내 광야에 들어선 이스라엘 백성에게 하나님이 만나와 메추라기를 내리시고, 안식일에 대해 가르치신 다음 그들을 인도하신 곳은 르비딤입니다.
  르비딤이란 '쉬는 장소'라는 뜻으로 시내 광야에서 몇 안 되는 오아시스입니다. 사람들은 오랜 경험으로 그곳에 물이 있다는 것을 알았습니다. 모세도 그곳을 알고 있었습니다. 모세가 40년 동안이나 거했던 미디안 광야는 르비딤에서 가깝고, 하나님을 처음 만났던 호렙 산에서 멀지 않은 곳이기 때문입니다.
  분명히 모세는 지친 이스라엘 백성들에게 "이제 조금만 더 가면 르비딤에 당도합니다. 조금만 더 참으십시오!"라고 격려했을 것입니다. 그런데 이게 웬일입니까? 막상 르비딤에 도착해보니 샘이 말라버려 마실 물이 없었습니다. 백성들의 실망은 이만저만이 아니었습니다. 모세도 가슴이 덜컥 내려앉았을 것입니다. 지도자가 자신이 한 말이 이루어지지 않았을 때처럼 당혹스러운 적은 없습니다.
  실망한 백성들이 모세를 향하여 외칩니다. "마실 물을 달라." 거센 항의를 받으며 모세는 분명 이런 생각을 했을 것입니다. '내가 무슨 재주로….' 그는 속으로 이런 생각을 하면서도 짐짓 위엄을 부리며 말합니다. "너희가 어찌하여 나와 다투느냐. 너희가 어찌하여 여호와를 시험하느냐"(출 17:2). 항의하는 백성들의 잘못이 크다는 것입니다. 하지만 가만히 있을 백성들이 아닙니다. 지금 이것은 생존과 직결된 물 문제이니까요. 그런데 지도자는 그들의 태도를 나무라며 나서고 있습니다.

이에 이스라엘 백성은 한 목소리로 모세를 원망하고 나섰습니다. "당신이 어찌하여 우리를 애굽에서 인도해 내어서 우리와 우리 자녀와 우리 가축이 목말라 죽게 하느냐"(출 17:3). 실망은 여기서 끝나지 않습니다. "하나님이 우리 가운데 계시기나 한가?" 하나님을 의심하는 지경에까지 이릅니다. 모세 입에서 한마디만 더 나왔다가는 백성들이 돌로 칠 기세입니다.

이스라엘 백성의 살기등등한 아우성에 모세는 하나님께 부르짖습니다. "내가 이 백성에게 어떻게 하리이까?" 이렇게 부르짖어보지 않은 사람은 없을 것입니다. 어찌 할 수 없는 상황이거나 다른 사람을 위해 나섰다가 오히려 그들에게 공격당하면 그런 말이 나오게 마련입니다. "하나님, 이 일을 어떻게 감당하라는 말입니까?"

하지만 아무나 이렇게 하나님께 부르짖지는 않습니다. 보통은 책임 소재를 놓고 서로 한판 붙습니다. 역시 모세는 달랐습니다. 우리도 곤경에 처했을 때 애꿎은 아내나 남편, 사람들을 나무라지 말고 하나님께 부르짖어야 할 것입니다.

성경을 읽을 때면 빨리 찾아야 할 게 있습니다. 바로 하나님의 뜻과 의도입니다. 이스라엘 백성들이 르비딤에 오게 된 하나님의 뜻과 의도를 찾아봅시다. 그들이 이곳에 오게 된 경위가 17장 1절에 기록되어 있습니다.

"이스라엘 자손의 온 회중이 여호와의 명령대로 신 광야에서 떠나 그 노정대로 행하여 르비딤에 장막을 쳤으나 백성이 마실 물이 없는지라."

모세는 자신의 판단과 생각대로 이스라엘 백성을 인도한 것이 아닙니다. '여호와의 노정대로', 즉 하나님의 명령에 따라 그렇게 했습니다. 그런데도 이 같은 어려움에 빠졌습니다.

우리는 하나님의 명령대로 하면 복 받는다고 배웠습니다. 만사형통 한다고 믿었습니다. 그래서 힘들지만 참고 견디며 지금까지 신앙생활을 해왔습니다. 그런데 결과가 기대와 다른 경우가 아주 많습니다.

하지만 하나님이 의도하신 일에는 언제나 분명한 목적과 의도가 있습니다. 그 의도와 목적이 무엇인지 아는 것이 신앙생활의 올바른 시작입니다. 그것을 알려고 하지 않고 무턱대고 내가 바라는 것만 외쳐댄다면 왜곡된 길로 가기 마련입니다.

하나님이 이스라엘 백성들을 르비딤으로 인도하시고, 그곳의 물을 마르게 하신 이유가 분명히 있습니다. 그것을 알아야 합니다. 무엇일까요?

"여호와께서 모세에게 이르시되 백성 앞을 지나서 이스라엘 장로들을 데리고 나일 강을 치던 네 지팡이를 손에 잡고 가라. 내가 호렙 산에 있는 그 반석 위 거기서 네 앞에 서리니 너는 그 반석을 치라. 그것에서 물이 나오리니 백성이 마시리라"(출 17:5-6).

하나님은 모세에게 장로들을 이끌고 너무나 실망하여 그를 돌로 칠 정도로 분노한 백성들의 앞을 지나가라고 말씀하십니다. 그리고 반석에 올라 호렙 산을 향하여 서라고 하십니다. 그리하면 하나님이 모세를 대하여 서 계실 것인데, 거기서 지팡이로 반석을 치면 물이 쏟아져 나온다는 것입니다.

그 광경을 한번 그려보십시오. 실망한 군중들을 향하여 "이게 내 책임이냐!"라고 맞섰던 모세, 기세등등한 백성들의 기에 눌려 하나님께 부르짖었던 모세가 갑자기 일어나 장로들을 소집합니다.

그러고는 지팡이를 든 채 장로들을 이끌고 성난 백성들 앞을 지나갑니다. 절벽 밑으로 밀치려는 유대 백성들을 뚫고 당당하게 지나가시던 예수님이 연상되는 광경입니다.

모세는 한 널따란 바위 위에 올라섭니다. 백성들은 모세가 연설을 하려나보다 생각했을 것입니다. 그런데 이상하게도 그는 자신들이 아니라 호렙 산을 향하여 섭니다. "저 양반 뭐 하는 거야" 했을 것입니다. 모세는 이어서 지팡이로 반석을 내리쳤습니다. 그러자 엄청난 일이 벌어졌습니다. 모세가 서 있는 반석에서 맑은 물이 폭포처럼 쏟아져 나온 것입니다.

그 광경에 압도되지 않을 사람이 누가 있습니까? 백성들은 입을 다물 수 없었습니다. "과연 모세는 하나님의 사람, 하나님의 위대한 영도자구나!" 장로들과 온 백성들의 입에서 탄성이 쏟아졌을 것입니다.

하나님이 이스라엘 백성들을 물 없는 오아시스, 르비딤으로 인도하신 두 번째 목적은 '모세의 믿음과 지도력 강화', 즉 '리더십 확립'에 있습니다.

리더십 하면 그저 윗사람들이나 갖춰야 하는 자질로 생각합니다. 과연 그럴까요? 누구에게 가장 리더십이 필요할까요? 바로 나 자신입니다.

미래학자 제레미 러프킨의 말에 귀를 기울일 필요가 있습니다. "인류 역사는 0.1%의 창의적 사람과 그를 알아보는 0.9%의 통찰력을 가진 사람이 이끌어왔으며 나머지 99%는 잉여인간이다." 나는 어디에 속한 사람입니까? 0.1%의 창의적인 사람? 0.9%의 통찰력을 가진 사람? 아니면 99%의 잉여인간?

영국의 사회학자 지그문트 바우만은 더욱 심한 말을 합니다. "잉여인간은 쓰레기다." 이래도 가만히 있겠습니까? 가만히 있어서는 안 됩니다. 그렇다고 러프킨이나 바우만에게 항의해서 해결될 문제가 아닙니다. 스스로가 창의력이나 통찰력을 갖추어야 합니다. 창의력이나 통찰력은 지도자가 되겠다고 결심하는 사람들에게 주어집니다.

더군다나 현대는 탈 권위의 시대입니다. 모든 분야에서 권위가 무너지고 있습니다. 시대가 그렇다고 해서 나마저 권위를 무너뜨리는 일을 해도 된다는 생각은 곤란합니다. 그런 사람은 그저 불평분자, 말썽꾼으로 전락할 뿐입니다. 탈 권위라 함은 부모나 교사나 왕이라는 신분상의 이유만으로 가졌던 선천적 권위가 무너진다는 뜻이지, 결코 권위 자체가 무시되는 것을 의미하지 않습니다.

권위는 언제나 바로 서야 합니다. 현 시대의 혼란은 권위가 바로 서지 못하는 데 있습니다. 그러므로 새로운 권위가 확립되어야 합니다. 이 점을 제대로 파악하지 못하면 옛 권위의 회복을 외치는 시대착오적인 일을 하거나 자리에서 온 권위와 힘을 휘두르다가 자멸하고 맙니다.

　탈 권위 시대는 모든 사람들에게 주어지는 기회라고 할 수 있습니다. 사라져가는 선천적 권위를 뒤쫓을 게 아니라 새로운 권위를 갖추어야 합니다. 이 권위는 누구에게나 열려 있습니다.

　새로운 권위는 어떻게 세울 수 있을까요? 두 가지를 명심해야 합니다. 첫째, 권위의 원천은 오직 하나님입니다. "모든 권세는 다 하나님께서 정하신 바라"(롬 13:1). 또 하나, 하나님은 절대로 신분, 능력, 출신 성분을 따지지 않습니다. 모세가 자신의 신분이나 능력을 내세울 때 하나님은 그를 외면하셨습니다. 그러나 그것이 다 빠져나가 이제 아무것도 할 수 없다고 생각할 때 하나님은 그에게 나타나셨습니다.

　하나님은 언제나 우리가 탈 권위 시대를 살기를 바라셨습니다. 그런데 타락한 인간이 신분에 따른 선천적 권위에 매달려 살다가 3500년이 지난 오늘에 와서야 민중의 힘에 부딪친 것입니다.

　이 절호의 기회를 놓치지 않고 리더십을 갖춘 권위란 무엇인지 그 본질을 알아야 합니다. 하나님은 권위와 힘을 만들어서 사람들에게 나눠주셨습니다. 왜 주신 것일까요? 그 용도를 알려면 창세기로 돌아가야 합니다.

"하나님이 그들에게 이르시되 생육하고 번성하여 땅에 충만하라, 땅을 정복하라, 바다의 물고기와 하늘의 새와 땅에 움직이는 모든 생물을 다스리라 하시니라"(창 1:28).

다스린다는 것은 군림하고 휘두른다는 뜻이 아닙니다. 히브리어 '라다radah'는 '살게 한다'는 뜻입니다. 마르틴 부버가 중요한 말을 했습니다. "우리가 다른 사람을 위해서 할 수 있는 가장 위대한 일은, 상대방의 가장 깊은 내면에 있는 가장 그 사람다운 것이 무엇인지 알아보고 인정과 격려로 그것을 다져주는 일이다."

하나님이 사람에게 힘과 권위를 주신 이유는 다른 사람들과 모든 피조물까지도 살게 하라는 뜻에 있습니다. 재능과 시간을 주신 것도 같은 이유입니다. 우리들은 하나님의 형상을 지닌 그분의 자녀들입니다. 그러므로 시시하게 다른 존재들에게 밀리거나 굴종해서는 안 됩니다. 다스리는 것은 군림하는 게 아니라 잘 관리하고 돌보는 것입니다. 잘 관리하고 돌보기 위해서는 힘과 권위와 능력이 필요합니다.

가만히 생각해보십시오. 자기 자신에게 권위를 부리는 사람 있습니까? 그런 사람은 정신이상자입니다. 권위는 오직 하나님과 이웃을 위하여, 오직 살리는 일에 사용하는 것입니다. 자기를 위하여 권위와 힘을 쓰는 것이 바로 '남용'입니다.

　한 장로가 죽어서 천국에 갔는데 같은 교회 출신 평신도들이 떡 벌어진 상을 받고 있었습니다. 자기에게는 더 멋진 상이 나올까 내심 기대하던 장로 앞에 자장면 한 그릇이 나왔습니다. 장로는 항의했습니다. "달랑 자장면 한 그릇입니까?" 그러자 천사가 말했습니다. "잠자코 먹기나 해요. 담임목사는 지금 배달 나갔어요." 장로와 담임목사가 천국에 간 것만 해도 다행한 일입니다. 하나님이 주신 권위로 이 땅에서 얼마나 목에 힘을 주고 살았는지는 자신이 가장 잘 알 것입니다.

　이미 말했듯이 권위에는 '선천적 권위'와 '후천적 권위'가 있습니다. 선천적 권위는 아버지이기 때문에, 통치자이기 때문에, 제사장이기 때문에, 목사나 장로이기 때문에 가진 권위를 말합니다. 이 선천적 권위가 종언을 고하고 있습니다. 탈 권위 시대에 선천적 권위를 부리면 못난이 중에 못난이입니다. 후천적 권위를 쌓아야 합니다. 이것이 새로운 권위이고, 예수님이 보여주신 가장 지고한 권위입니다. 예수님이 몸소 실천하신 권위는 과연 어떤 것일까요?

　"인자가 온 것은 섬김을 받으려 함이 아니라 도리어 섬기려 하고 자기 목숨을 많은 사람의 대속물로 주려 함이니라"(마 20:28).

"너희 중에 누구든지 으뜸이 되고자 하는 자는 너희 종이 되어야 하리라"(마 20:27).

바로 '섬김의 리더십'입니다. 어떤 시대에도 통하며, 모두가 가장 목말라하는 영원한 리더십입니다.

사실 모든 사람들이 지도자들입니다. 누구나 지도자가 될 준비를 해야 합니다. 흔히들 카리스마가 있어야 지도자가 될 수 있다고, 자신은 카리스마가 없으므로 지도자가 될 수 없다고 생각합니다. '카리스마'는 헬라어에서 나온 말로서 '은사, 은혜'라는 뜻입니다. 잘생긴 외모나 날카로운 눈빛과는 아무 관계가 없습니다.

더욱이 하나님의 지도자는 자신의 경험에 의존하지 않습니다. 모세는 목동 시절의 경험으로 르비딤에 물이 있다는 사실을 알았습니다. 그러나 하나님은 사람들의 경험을 여지없이 무너뜨리십니다. 일흔다섯 살의 아브라함에게 고향과 친척과 아버지 집을 떠나 지시하는 곳으로 가라고 하십니다. 아브라함의 전 생애는 그의 경험이 하나님의 지혜와 능력으로 전환되는 과정이었습니다. 모세도 마찬가지입니다. 신앙생활이란 내 경험이 하나님의 지혜와 능력으로 전환되는 과정입니다.

하나님의 지도자는 '하나님을 향하여 서는 사람'입니다. 하나님은 모세에게 장로들을 이끌고 호렙 산을 향하여 서라고 하셨습니다. 흔히들 지도자는 사람들을 향하여 선다고 생각하는데 착각입니다. 리더는 하나님을 향하여 서야 합니다.

윈스턴 처칠은 2차 세계대전을 승리로 이끈 위대한 지도자입니다. 그의 어릴 때 별명은 '오리궁둥이'였습니다. 뚱뚱하고 둔해서 붙은 별명입니다. 그는 초등학교 때 아이들한테 하도 놀림을 당해서 쉬는 시간만 되면 숲으로 도망갔다가 수업 시간에 늦게 들어와 선생님께 혼났습니다. 그러면서 변명도 한마디 못했습니다. 육군 사관학교에 들어간 것도 공부를 못해서입니다. 거기서 둔한 몸으로 얼마나 고생을 했겠습니까? 서른일곱 살까지 장가도 못 갔습니다. 프로포즈했던 두 여자에게는 모두 거절당했습니다. 그런데 하나님은 히틀러에 맞설 지도자를 그렇게 키우고 계셨던 것입니다.

진정한 지도자는 왜 극소수인지 이제야 알 것 같습니다. 하나님은 지도자에게 섬김의 은사를 가장 많이 주십니다. 그런데도 우리는 "나는 아니야. 나는 리더가 될 수 없어"라며 진작부터 포기하고 맙니다. 다른 사람 밑에서 투덜거리고 후회만 하다가 한 많은 생을 마감합니다.

최고의 리더십은 섬김의 리더십입니다. 이런 공식이지요.

지도자로서의 자각 + 섬김의 은사 = 최고의 리더십

은사란 은혜의 선물로서 카리스마라고 했습니다. 카리스마란 내가 갖추는 게 아니라 하나님이 주시는 것입니다. 이것을 다른 말로 하면 창의력이요, 통찰력입니다.

두 가지 중 하나만 없어도 진정한 지도자가 될 수 없습니다. 지도자로서의 자각과 수행 능력이 있어 일찍이 지도자가 되어도 섬김의 은사가 없으면 반짝 떴다가 지고 맙니다. 섬김의 은사는 많은 사람들이 가지고 있습니다. 가장 많이 필요한 것이기 때문에 하나님이 그렇게 조치하신 것입니다. 그런데 그런 은사를 가진 사람들 중에 지도자는 드뭅니다. 스스로를 지도자로 자각하지 못하고 지도자로 설 준비를 하지 않기 때문입니다.

그러나 자신을 지도자로 자각하고, 지도자 훈련을 받는 사람에게 하나님은 은사를 공급해주십니다. 그런 사람은 자기 분야에서 지도자로서 두각을 나타내게 됩니다.

모세의 믿음과 지도력 강화에는 또 다른 목적이 있었습니다.

반석에서 물이 나와 목을 축인 이스라엘 백성들 앞에 아말렉 군대가 쳐들어 왔습니다. 아말렉 족속은 에서의 손자 아말렉의 후손들로서 그 성격이 매우 잔인하며 약탈과 압제를 좋아하는 호전적인 족속이었습니다. 그런 군대와 첫 전투를 치르게 된 것입니다.

이스라엘 백성은 그동안 노예로 살아오면서 전투 경험이 없었습니다. 광야를 걸어오느라 지칠 대로 지쳤습니다. 그런 상황에서 상대하기에 아말렉은 너무나 무서운 적이었습니다.

전투 장면을 보십시오.

"여호수아가 모세의 말대로 행하여 아말렉과 싸우고 모세와 아론과 훌은 산꼭대기에 올라가서 모세가 손을 들면 이스라엘이 이기고 손을 내리면 아말렉이 이기더니 모세의 팔이 피곤하매 그들이 돌을 가져다가 모세의 아래에 놓아 그가 그 위에 앉게 하고 아론과 훌이 한 사람은 이쪽에서, 한 사람은 저쪽에서 모세의 손을 붙들어 올렸더니 그 손이 해가 지도록 내려오지 아니한지라. 여호수아가 칼날로 아말렉과 그 백성을 쳐서 무찌르니라"(출 17:10-13).

이런 전투를 보셨습니까? 전무후무한 전투가 아닐 수 없습니다. 여호수아는 군사를 이끌고 아말렉 군사와 전투를 치릅니다. 그때 모세는 하나님의 지팡이를 손에 잡고 산꼭대기에 올라 축도를 하듯이 손을 올립니다. 그런데 모세가 손을 들고 있으면 여호수아가 승리하고, 피곤하여 손을 내리면 전투에서 밀립니다.

그러자 아론과 훌이 모세를 앉히고 그의 손을 양쪽에서 잡아 부축했습니다. 여기서 처음 등장하는 훌이 정확히 누구인지 모르지만, 이스라엘 역사가 요세푸스는 모세의 누이 미리암의 남편일 것이라고 추정합니다. 그들은 해질 때까지 그렇게 했습니다. 그 결과 이스라엘은 대승을 거두었습니다.

많은 목사들이 이 구절을 이렇게 설명합니다. "봤지요. 그러니까 주의 종을 잘 섬겨야 합니다. 피곤하지 않게 해야 합니다." 자신을 높이는 좋은 예로 듭니다. 본질을 한참 벗어난 설명입니다. 이에 교인들은 살기 힘들어 허덕이면서도 목회자를 잘 모셔야 복 받는다는 생각에 빚까지 내서 대접합니다. 성경 말씀을 오남용하는 전형적인 사례입니다.

지금 하나님은 무엇을 가르치고 계십니까? 올바른 리더십에 대해 가르치고 계십니다. 그런데 교회 지도자들이 자신들의 권위 도전 방지책으로 이 구절을 사용한다면 한참 잘못된 것입니다.

모세가 손을 들었을 때 승리했다는 말에는 깊은 영적 뜻이 있습니다.

첫째, 전쟁의 승패는 인간의 능력이 아니라 하나님의 손에 의해 결정된다는 것입니다. 모세가 손을 들고 있어서 이스라엘이 이긴 것입니까? 성도들의 가정과 사업이 번창할 수만 있다면 저는 말뚝을 받쳐서라도 평생 손을 들고 있겠습니다. 그러나 그런 게 아니잖습니까? 그들은 하나님의 명령에 순종함으로 승리했습니다.

둘째, 모세의 손은 영적 무장을 상징합니다. 그가 영적으로 단단히 무장하여 섰을 때 이스라엘이 승리했습니다. 영적으로 느슨할 때는 졌습니다. 여기서 모세는 제 자신이자 당신입니다.

아말렉과의 전투에서 승리한 다음, 모세는 출애굽한 이후 처음으로 단을 쌓습니다. 그리고 그 제단의 이름을 '여호와 닛시'라고 불렀습니다. 여호와 닛시는 '여호와는 나의 깃발'이라는 뜻입니다. 나를 앞세우지 말고 하나님을 앞세우라는 것입니다.

이스라엘 백성은 마라에서 '여호와 라파', 치료하시는 하나님을 배웠습니다. 그리고 여기서 '여호와 닛시'로 하나님을 인식하는 지평을 또 다시 넓힙니다. 이렇게 하나님을 의지하고 그 명령에 순종하며 난관을 하나하나 극복해가면서 신비에 싸인 하나님을 더욱 뚜렷하고 가깝게 체험합니다.

순종은 곧 동행입니다. 함께 길을 가노라면 길동무에 대해서 더 깊이 알게 되고 그 관계가 깊어집니다. 인생길은 순례입니다. 예수님과 동행하십시오. 하나님이 육신을 입고 이 땅에 오신 것은 그 순례길에 길동무가 되기 위해서입니다. 이보다 더 큰 은혜는 없습니다.

19강 | 출애굽기 19:5-6

Exodus

세상에서 가장 큰 사건

우리 인생에서 가장 큰 사건은 하나님을 체험하는 것입니다.
기독교 문화를 누리는 데 머물지 말고
하나님 만나기를 열망하십시오.
하나님의 부름을 받고 세상 밖으로 나아가야 합니다.

출애굽기 19강

고등학교 때 일입니다. 등굣길에 만난 친구는 눈은 허공을 헤매고 얼굴은 벌겋게 상기되어 있었습니다. 아침부터 뭘 잘못 먹었나 싶어 이유를 물었지만 그는 말도 제대로 하지 못했습니다. 1교시가 지난 후 다그쳐 물으니 사연인즉, 오랫동안 짝사랑해오던 여학생이 버스에서 자기 책가방을 받아주었다는 것입니다. 예전에는 버스 좌석에 앉은 사람이 앞에 서 있는 사람의 책가방이나 짐을 받아주는 일이 종종 있었습니다. 친구에게 그 사건은 17년 남짓한 생애 중에서 최대 사건이었습니다. 하지만 다른 사람에게는 사건 축에도 끼지 못하겠지요.

　세인의 주목을 받고 온 세상이 난리를 일으킨 '작은 사건'이 있습니다. 한편 별다른 주목을 받지 못했지만 인류 역사상 가장 '큰 사건' 이 있습니다. 알렉산더 대왕이나 칭기즈칸의 세계 정복은 잊힌 지 오래된 '작은 사건' 입니다. 그러나 나사렛 출신의 목수 예수가 십자가에 달린 것은 인류 역사상 가장 '큰 사건' 입니다. 그 사건을 계기로 시간은 BC와 AD로 나뉩니다.

BC는 Before Christ, AD는 *Anno Domini*입니다. *Anno Domini*는 라틴어로서 원래는 *Anno domini mostri Jesu Christi*라고 표기합니다. 영어로는 In the year of our Lord입니다. '우리 주 예수 그리스도의 해' 정도로 해석할 수 있습니다.

AD는 6세기(525년)부터 쓰이기 시작했는데, 1000년 넘게 라틴어의 영향권 아래에서 달리 경쟁 상대가 없었습니다. 또 중세 유럽인들은 그리스도 이전의 역사적 사건들에는 별 관심이 없었기 때문에 그 이전의 연도를 표기하는 방법에 크게 개의치 않았습니다. 그러다 근세에 들어와 기원 전 역사에 대한 관심이 높아지면서 그에 대한 기년법이 마련되어야 한다는 의식이 생기기 시작했습니다. 17세기에 프랑스 신학자 드니 페토가 처음으로 AC(Ante Christum)라는 표기를 쓰기 시작했는데 정착되지는 못했습니다.

영국에서는 오늘날 우리가 아는 BC, 프랑스에서는 av.J.-C.(Avant Jésus-Christ), 스페인에서는 a.C. 혹은 A.C.(Antes de Cristo),

독일에서는 v.Chr.(vor Christus) 등을 제각각 썼습니다. 그러다가 18세기 이후 영국의 국력이 신장되고 영어의 세력이 확장되면서 BC라는 용어가 널리 사용되었습니다.

다시 성경으로 돌아가 봅시다.

이스라엘 백성이 경험한 가장 큰 사건이 무엇일까요? 열 가지 재앙, 대단했습니다. 홍해가 갈라진 사건, 그것도 굉장했지요. 정말 극적인 사건이었습니다. 하지만 그것도 이 사건을 위한 전초에 불과했습니다. 도대체 무슨 사건이길래.

먼저 그 사건이 언제 일어났는가 알아봅니다.

출애굽기 19장 1절은 그 사건이 일어난 시기를 보여주고 있습니다. "이스라엘 자손이 애굽 땅을 떠난 지 삼 개월이 되던 날 그들이 시내 광야에 이르니라"(출 19:1). 히브리력으로 3월은 '시완 월' 입니다. 시완 월이 언제인지 아는 것이 중요합니다.

히브리력은 양의 피를 문설주와 인방에 발라 구원을 받았던 유월절이 있는 달을 새로운 1월로 삼습니다. 이집트에 아홉 가지 재앙이 내린 직후 하나님의 명령이 내려왔습니다.

"이달을 너희에게 달의 시작 곧 해의 첫 달이 되게 하고 너희는 이스라엘 온 회중에게 말하여 이르라. 이달 열흘에 너희 각자가 어린 양을 취할지니"(출 12:2-3).

이어서 "이달 열나흘 날까지 간직하였다가 해질 때에 이스라엘 회중이 그 양을 잡고 그 피를 양을 먹을 집 좌우 문설주와 인방에 바르고"(출 12:6-7)라는 말씀이 나옵니다. 이 구절로 유월절이 1월 둘째 주에 시작된 것을 알 수 있습니다. 그로부터 7주가 지나고 3월(시완 월)이 되는데, 바로 '오순절'에 해당되는 시기입니다.

사실 이런 사항은 다 잊어버려도 됩니다. 남의 나라 달력을 알아서 뭐하겠습니까? 그러나 그 사건이 오순절에 일어났다는 사실만은 기억해야 합니다.

두 번째 알아둘 것은 그 사건이 일어난 '장소'입니다.

"그들이 르비딤을 떠나 시내 광야에 이르러 그 광야에 장막을 치되 산 앞에 장막을 치니라"(출 19:2).

여기에서 말하는 산은 '호렙 산'이라고도 부르는 '시내 산'입니다. 시내 산은 여든 살의 목동 모세가 하나님께 '깜짝 부름'을 받은 장소입니다. 시내 산은 '하나님의 산'입니다. 하나님은 시완 월(오순절)에 시내 산에서 모세에게 나타나 이렇게 말씀하십니다.

"나의 애굽 사람에게 어떻게 행하였음과 내가 어떻게 독수리 날개로 너희를 업어 내게로 인도하였음을 너희가 보았느니라"(출 19:4).

홍해를 갈라 안전하게 구원하시며, 광야에서 불기둥과 구름기둥으로 인도하시며, 만나와 메추라기와 물을 먹이신 일들을 상기시키는 말씀입니다.

이어서 이렇게 말씀하십니다.

"세계가 다 내게 속하였나니 너희가 내 말을 잘 듣고 내 언약을 지키면 너희는 모든 민족 중에서 내 소유가 되겠고 너희가 내게 대하여 제사장 나라가 되며 거룩한 백성이 되리라. 너는 이 말을 이스라엘 자손에게 전할지니라"(출 19:5-6).

이것이 시내 산에서 하나님과 맺은 계약입니다. '시내 산 계약' 체결은 구약에서 가장 중요한 사건입니다. 이것이 얼마나 중요한지는 차차 알게 될 것입니다.

시내 산의 계약 내용부터 살펴봅시다.

첫째, 이 말씀은 왜 하나님이 이스라엘 백성을 구원하셨는지 그 목적을 밝히고 있습니다. 하나님의 구원 목적은, 홍해를 가르듯이 어려움과 역경을 해결해주시고, 불기둥과 구름기둥으로 보호하고 인도하듯이 성도들의 신변을 안전하게 해주시고, 만나와 메추라기를 공급하듯이 성도들을 잘 먹고 잘 살게 하는 데 결코 있지 않다는 말씀입니다. 더 크고 궁극적인 목적은 그들을 '제사장 나라'로 만드는 것입니다. 그것을 위하여 모든 구원과 보호와 인도와 공급을 베푸시는 것입니다.

둘째, 계약을 준수하면 비천한 노예에서 존귀한 제사장이 된다고 말씀합니다. 물론 그 반대로 계약을 준수하지 아니하면 파멸이요 멸망입니다.

우리는 살면서 수많은 계약을 맺습니다. 계약을 맺을 때는 계약 내용을 꼼꼼히 챙깁니다. 그렇지 않다가 낭패를 당할 수 있기 때문입니다. 하물며 하나님과 체결하는 계약의 내용을 모른다면 그 삶은 보나 마나입니다. 많은 시간과 노력을 쏟아도 신앙생활에 실패하는 이유는 하나님과 어떤 계약을 맺었는지 그 내용을 잘 모르고, 또 성실히 이행하지 않았기 때문입니다.

이스라엘 백성들은 모세의 말을 듣고 이렇게 말합니다.

"여호와께서 명하신 대로 우리가 다 행하리이다"(출 19:8).

그러자 모세는 다음과 같은 하나님의 명령에 따를 것을 이스라엘 백성들에게 지시합니다.

"오늘과 내일 그들을 성결하게 하며 그들에게 옷을 빨게 하고 준비하게 하여 셋째 날을 기다리게 하라. 이는 셋째 날에 나 여호와가 온 백성의 목전에서 시내 산에 강림할 것임이니"(출 19:10-11).

이스라엘 백성들은 50일 광야 길을 오는 동안 더러워진 옷과 지친 몸과 마음을 깨끗하게 하고 하나님과 만날 준비를 했습니다.

하나님을 만나기 위한 절대 조건은 한마디로 '성결', 곧 깨끗함입니다. 하나님은 흠 없는 분입니다. 너무나 성결하고 거룩하여 죄 한 점도 그 앞에서 용납되지 않습니다. 죄 지은 인간이 하나님 앞에 서면 여름밤 불에 날아드는 날벌레처럼 그 앞에서 자동 소멸되고 맙니다.

한 임금이 혼인 잔치를 베풀고 손님들을 초청했습니다. 그런데 아무도 그 초대에 응하지 않았습니다. 주인은 거리에 나가 만나는 사람들을 다 초청하라고 종들에게 명령합니다. 선한 자, 악한 자, 거지와 병자, 가난한 사람들이 초대에 응했습니다. 그런데 그들 중에는 예복을 입지 않은 사람이 있었습니다. 임금이 묻습니다. "친구여, 어찌하여 예복을 입지 않고 여기 들어왔느냐?" 그 사람은 대답을 하지 못했습니다. 이에 엄한 명령이 떨어집니다. "그 손발을 묶어 바깥 어두운 데에 내던지라. 거기서 슬피 울며 이를 갈게 되리라"(마 22:13).

왕의 처사를 이해할 수 없습니다. 이렇게 항변할 수도 있습니다. "초대할 때는 언제고, 예복을 입지 않았다고 내쫓는 건 뭡니까?" 예복은 곧 '성결'을 상징합니다. 깨끗한 마음가짐입니다. 하나님을 만나기 위해서는 성결이 선결 조건입니다. '누구나' 하나님을 만날 수 있지만 '아무나'는 결코 아닙니다.

또 중요한 것은 '셋째 날'이 의미하는 바입니다.

호세아서 6장 1-2절 말씀입니다.

"오라, 우리가 여호와께로 돌아가자. 여호와께서 우리를 찢으셨으나 도로 낫게 하실 것이요 우리를 치셨으나 싸매어주실 것임이라. 여호와께서 이틀 후에 우리를 살리시며 셋째 날에 우리를 일으키시리니 우리가 그의 앞에서 살리라."

예수님은 친히 말씀하셨습니다.

"오늘과 내일은 내가 귀신을 쫓아내며 병을 고치다가 제삼일에는 완전하여지리라"(눅 13:32).

어제까지는 사탄에게 사로잡혀 살았지만 오늘과 내일은 더러운 영을 몰아내고 상처 난 몸과 마음을 치유하며 셋째 날을 기다리는 날입니다. 그리고 '마지막 셋째 날'은 완전해지는 날, 곧 부활의 날입니다.

'어제'는 홍해를 건너기 전의 삶, 곧 세례 받기 전의 삶을 의미합니다. '오늘'은 세례를 받은 이후 이 땅에서 사는 삶을 의미합니다. 파괴되었던 것들이 이 기간에 하나님의 손길 아래에서 회복됩니다. 곧 성화의 기간입니다. 하나님 앞에서 완전해지는 '내일' 곧 '셋째 날'을 준비하는 기간입니다.

이스라엘 백성에게 이틀 동안의 성결을 명령하신 뜻은, 앞으로

이 땅에서 무엇을 하면서 살아야 하는지 가르치는 데 있습니다.

이스라엘 백성들은 몸과 마음과 영을 깨끗하게 했습니다. 그러자 제삼일에 그들의 눈앞에 엄청난 광경이 펼쳐졌습니다. 시내 산에 연기가 자욱하고, 그 연기는 옹기점 연기같이 떠올랐고, 온 산이 진동했습니다. 어디선가 힘찬 나팔 소리가 울려 퍼졌습니다. 그리고 불길 가운데 하나님이 강림하셨습니다. 이스라엘 백성은 두려움에 온몸을 떨고 땅에 엎드렸습니다. 감히 얼굴을 들어 쳐다볼 엄두도 내지 못했습니다.

그리고 하나님 앞에서 이스라엘 백성은 하나님의 백성이 됩니다. 하나님과 이스라엘 사이에 그 유명한 시내 산 계약이 체결됩니다. '구약교회'가 탄생한 순간입니다.

신약 시대에도 동일한 일이 벌어졌습니다.

유월절의 어린 양으로 오신 예수 그리스도가 십자가에서 죽었다가 사흘 만에 부활하셨습니다. 7주가 지난 오순절에 마가의 다락방에 모여 기도하던 제자들에게 성령이 강림합니다. 어디선가 강한 바람이 불어 닥치고, 하늘에서 불의 갈라진 혀처럼 성령 하나님이 강림하셨습니다. 바로 '신약교회'가 탄생한 순간입니다.

구약교회와 신약교회 탄생의 공통점이 무엇인지 눈치채셨습니까? 그 출발은 모두 '유월절'입니다.

어린 양을 잡아 피를 바른 날도 유월절, 어린 양으로 온 예수님이 십자가에 달려 피 흘리신 날도 유월절입니다. 그로부터 7주 후 '오순절'에 성부 하나님이 시내 산에 강림하십니다. 예수님의 부활 이후 7주가 지난 오순절에는 성령 하나님이 마가의 다락방에 강림하십니다. 시내 산에 성부 하나님이 임하실 때 쳤던 천둥번개와 마가의 다락방에 성령 하나님이 임하실 때 나타난 불은 하나님의 권능을 드러낸다는 점에서 공통점이라 할 수 있습니다.

이런 공통점은 구약교회와 신약교회가 같은 하나님으로부터 출발했고, 성부 성자 성령 하나님 모두가 삼위일체임을 증거합니다.

구약교회도 신약교회도 모두 성부 하나님과 성령 하나님의 현현, 즉 하나님의 나타나심으로 이루어졌습니다. 신앙생활은 그 무엇보다도 '하나님 체험'이 되어야 한다는 뜻입니다. 하나님을 체험하지 못했다면 아직 하나님의 백성이 아닙니다. 집안 대대로 오랫동안 교회생활을 해오면서도 아직 하나님을 체험하지 못한 사람들이 많다는 사실에 놀랍니다. 신앙생활의 본질을 외면한 채 교회에서 지시하는 종교생활만 해온 결과입니다. 이 모든 것이 무엇을 의미하는지 관심 없이 그저 세례 받고, 예배드리고, 교회에서 결혼하고, 시간 나면 생색내듯 봉사하고, 복채 내듯 헌금하며 살아왔기 때문입니다. 이것은 그저 '기독교 문화생활'에 지나지 않습니다.

하나님을 체험하기 위해선 먼저, 하나님 만나기를 열망하십시오. 무슨 일 앞에 서던 간에 예수님은 어떻게 생각하셨을까 묵상하고, 모를 때는 하나님께 기도하십시오. 그럴 때 어느 날 하나님이 이스라엘 백성에게 나타나셨듯이, 제자들에게 강림하셨듯이 우리에게도 조용히 때로는 강렬하게 오실 것입니다. 그때 비로소 우리는 진정한 하나님의 백성이 되며, 하나님의 손길 아래에서 삶이 치유되고 회복됩니다. 그리고 모든 것이 완성되는 제삼일을 기쁨으로 맞이하게 됩니다.

성부 하나님이나 성령 하나님 모두 오순절에 강림하셨습니다. 구약교회와 신약교회 모두 오순절에 이루어졌습니다. 왜 하필 오순절일까요? 오순절을 칠칠절이라고 하는데, 유월절에서 7주가 지난 때의 절기로서 '처음 익은 열매를 바치는 날' 입니다.

그러나 단순히 처음 익은 열매를 바치는 '감사제'를 의미하지 않습니다. 오순절은 유월절에 뿌린 씨앗이 처음 열매를 맺고, 그 열매를 하나님께 바치는 날입니다.

하나님은 이스라엘 백성들에게서 무엇을 받기 원하실까요?

지금까지 어떤 일이 이루어졌습니까? 아홉 가지 재앙, 유월절 사건, 홍해 사건, 마라와 르비딤에서 일어난 일, 아말렉과의 전투 등이 긴 과정을 통하여 이스라엘 백성은 무엇을 경험했습니까?

하나님의 권능을, 천하무적 하나님을 믿고 의지하라는 것입니다. 곧 '믿음'을 원하십니다. 이런 일들 속에서 그들을 살려주셨습니다. 곧 '목숨'을 원하십니다. 그러므로 오순절은 하나님을 믿는 나 자신을 하나님께 드리는 날입니다.

신약시대는 유월절의 어린 양으로 온 예수 그리스도가 십자가에서 죽었다가 부활하신 날로부터 시작되었습니다. 그러므로 구약교회는 하나님의 구원을 경험한 첫 열매로서 이스라엘 자신을 드리면서 탄생했고, 신약교회는 예수 그리스도의 부활이 처음 맺은 열매로서 자신을 드리면서 탄생한 것입니다. 교회는 곧 하나님을 체험함으로 맺은 첫 열매입니다.

구약교회를 '카알'이라고 하는데 '불러내다'는 뜻입니다. '에클레시아*ekklesia*', '밖으로*ek*' '불러내다*klesia*'라는 뜻입니다.

교회와 성도들은 하나님의 부름을 받고 세상 '밖으로' 나아가는 존재입니다. 세상에 코를 박고 전전긍긍해 하거나, 눈에 보이는 세상에 연연하여 더 좋은 것을 더 많이 구하는 존재가 아닙니다. 제사장이란, 하나님의 마음을 읽고 하나님의 시각으로 세상을 바라보며 세상을 세상 밖으로 인도하는 존재, 곧 하나님께로 이끄는 존재입니다. 그리고 죽은 것을 살리는 것이 그의 임무입니다.